アイデアいっぱい！

しかけが楽しい 保育の壁面 12か月

リベットボタン

日本文芸社

about はじめに・リベットボタンとは

みなさんこんにちは！　あそびクリエーターのリベットボタンです！
この本を手に取ってくださり、ありがとうございます。私は、かわいい工作や音楽などを通して、さまざまな角度から子どもたちに「あそび」を届ける活動をしています。この壁面飾りの本には、表情のあたたかさややわらかさを大切に、触って遊んでも楽しいしかけがたっぷりの作品を詰め込みました。中には、くすっと笑ってしまうようなキャラクターがいたりもします。子どもたちとのコミュニケーションのきっかけに、そして制作するみなさんも楽しくなるように、心を込めて制作しました。ぜひ最後までお楽しみください！

音楽

いろいろな楽曲を制作し、歌っています！
食育ソングの「いただきますとごちそうさま」や「ベジダンス」は、全国の保育園・幼稚園のお遊戯でも使っていただいています。一度聞いたら忘れられない踊り出したくなる曲ばかりで、子どもたちと盛り上がること間違いなしです！

リベットボタンの
あそびちゃんねる

＼こんな歌を歌っています／

トマトの神様

いただきますとごちそうさま

えだまめマーチ

工作

見ても楽しい！遊んでも楽しい！を意識した工作アイデアを、ワークショップやメディアを通して発信しています。私の工作には、カラフルで、へんてこかわいいキャラクターたちがいっぱい！　Webではおうちで簡単に作れる工作の素材のイラストデータも公開しているので、ぜひ遊びにきてください！

フリフリすると
音が鳴るよ！

くるくるまわすと
柄がかわるよ！

いろいろな
あそびを
＼発信しています／

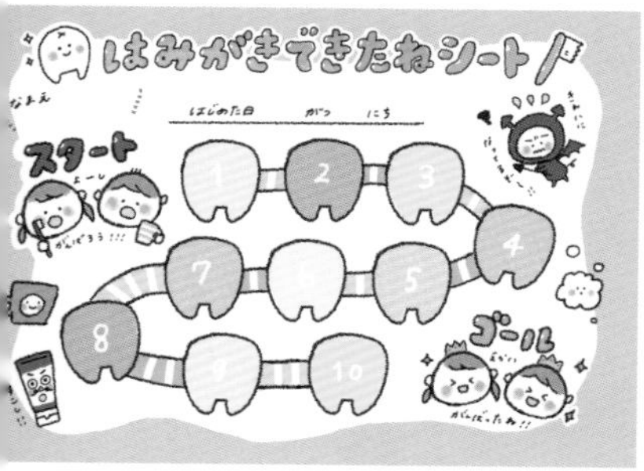

保育に役立つイラスト素材がいっぱい！

リベットボタンが教える！壁面製作のコツ

壁面の組み合わせ方

型紙を使ってパーツを作り、誌面の作品を参考にテープやのりで貼り合わせましょう。

キャラクター

小さいパーツから順に作るとバランスよく組み合わせられます。顔と体を合体させる前に、目や口などのパーツを顔に貼り付けて、顔を完成させてから他のパーツと組み合わせましょう。

壁面

バック紙におうちや木など大きなパーツを貼って背景を完させてから、キャラクターを貼り、最後にお花などの小さパーツを貼りましょう。

クレヨンチークでキャラクターをかわいく

頬や手足、耳に赤みがあるとキャラクターに温もりが生まれます。ティッシュペーパーに赤やオレンジのクレンを塗り、色がついた部分をキャラクターの頬や手足、耳に軽くこすると、ふんわりとした赤みを表現できます

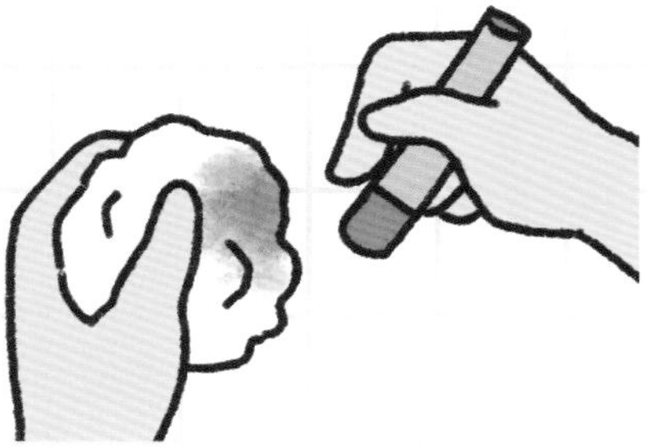

クレヨンでティッシュペーパーに色を塗る

色がついた部分でこする

製作テクニック

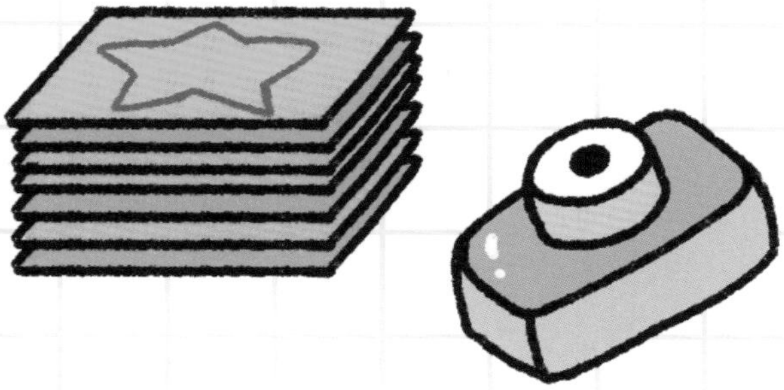

とめて切る

っぱや星など同じ形のものが何個もあるときは紙を重ねて
とめて切ると作業効率が良くなります。丸などのシンプル
ものにはクラフトパンチを使ってみても。

くしゃくしゃにする

紙で作った葉っぱをくしゃくしゃに丸めて広げると、まるで本物の葉っぱのような見た目になります。子どもたちと一緒に紙をくしゃくしゃにしてみましょう。

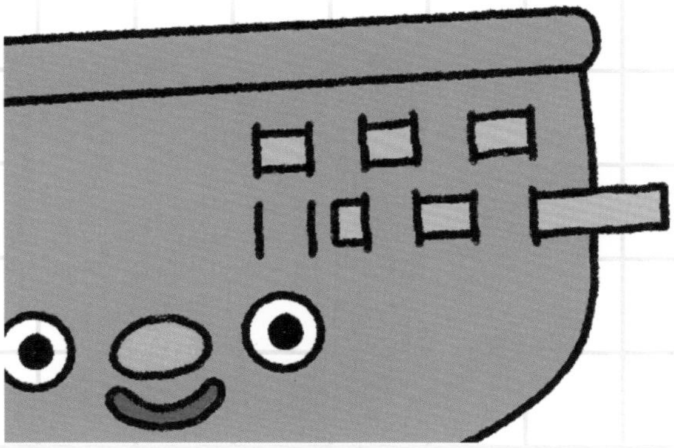

編み込み

台に切り込みをいれて細長く切った紙を切り込みに交互に
れ込むと編みカゴのような仕上がりになります。

切り込みにクレヨン

切り込みに下敷きの紙を差し込み、切り込み周辺をクレヨンで色をつけたティッシュペーパーでこすりましょう。切り込みに沿って色がつき、切り込みの位置がわかりやすくなります。

素材をアクセントに

ェルト

わふわの素材が作品に優
い印象や温もりを与えま
。

紙ねんど

柔らかい素材なので立体的にいろいろな形にすることができます。

リボン

風に揺られることでキラキラと光が反射し、子どもたちの興味を引いてくれます。

モール

モールの独特の材質によって自由な形で固定することができます。

Features 本書の特徴

1 バリエーション豊かで使いやすい！

12か月に対応した季節を感じる壁面から、園ならではの行事や、一年中飾れる通年のものまで、使いやすい作品がそろっています。

4月

～

3月

行事

通年

2 作り方がわかりやすい！

イラストを用いて作品の作り方をていねいに説明しているので、視覚的でわかりやすくなっています。

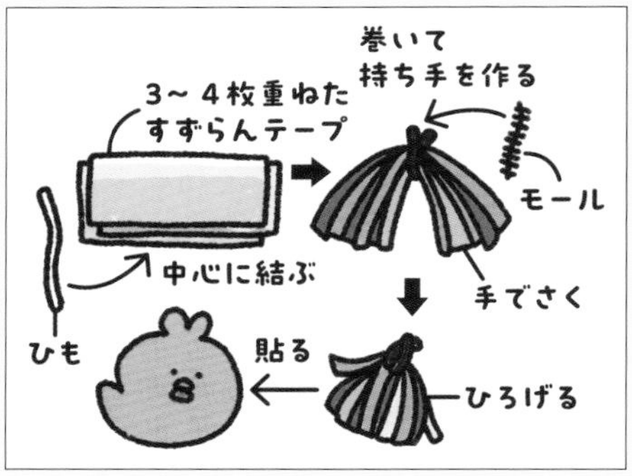

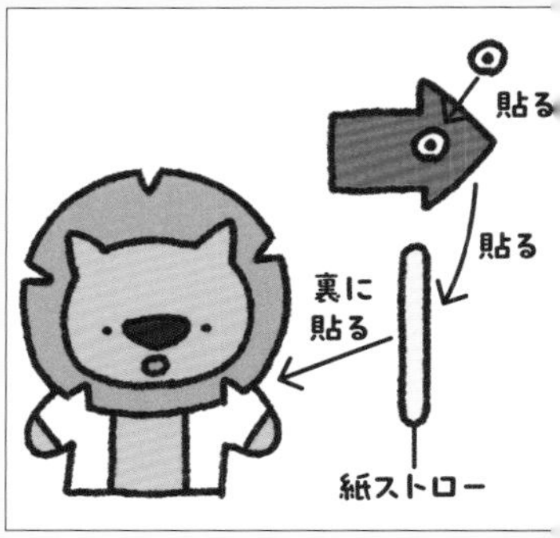

3 しかけたっぷりで楽しく遊べる！

各作品に壁面を楽しむためのしかけやアイデアをつめ込んでいます。壁面を使って子どもたちと遊んでみましょう！

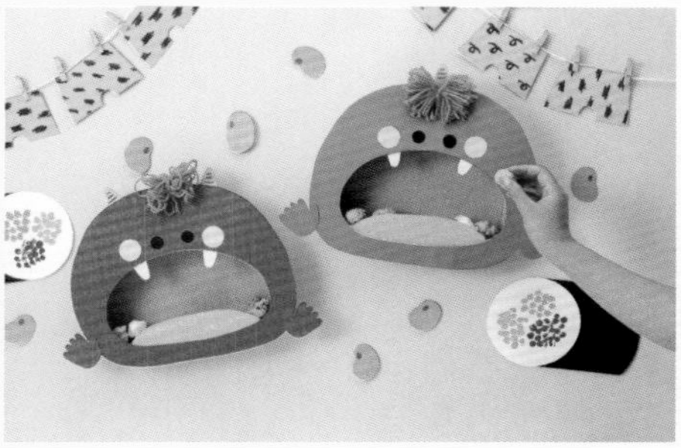

How to use 本書の見方

材料

画用紙やひも、クレヨンなどの作品を作る際に必要な物を記載しています。

カテゴリ

月毎で使える壁面や、行事にあわせて使える壁面、通年で使えるものをカテゴリでわけています。

作り方

壁面作品の作り方のポイントをイラストで紹介しています。
※材料の指定がないものは全て画用紙で作ります。

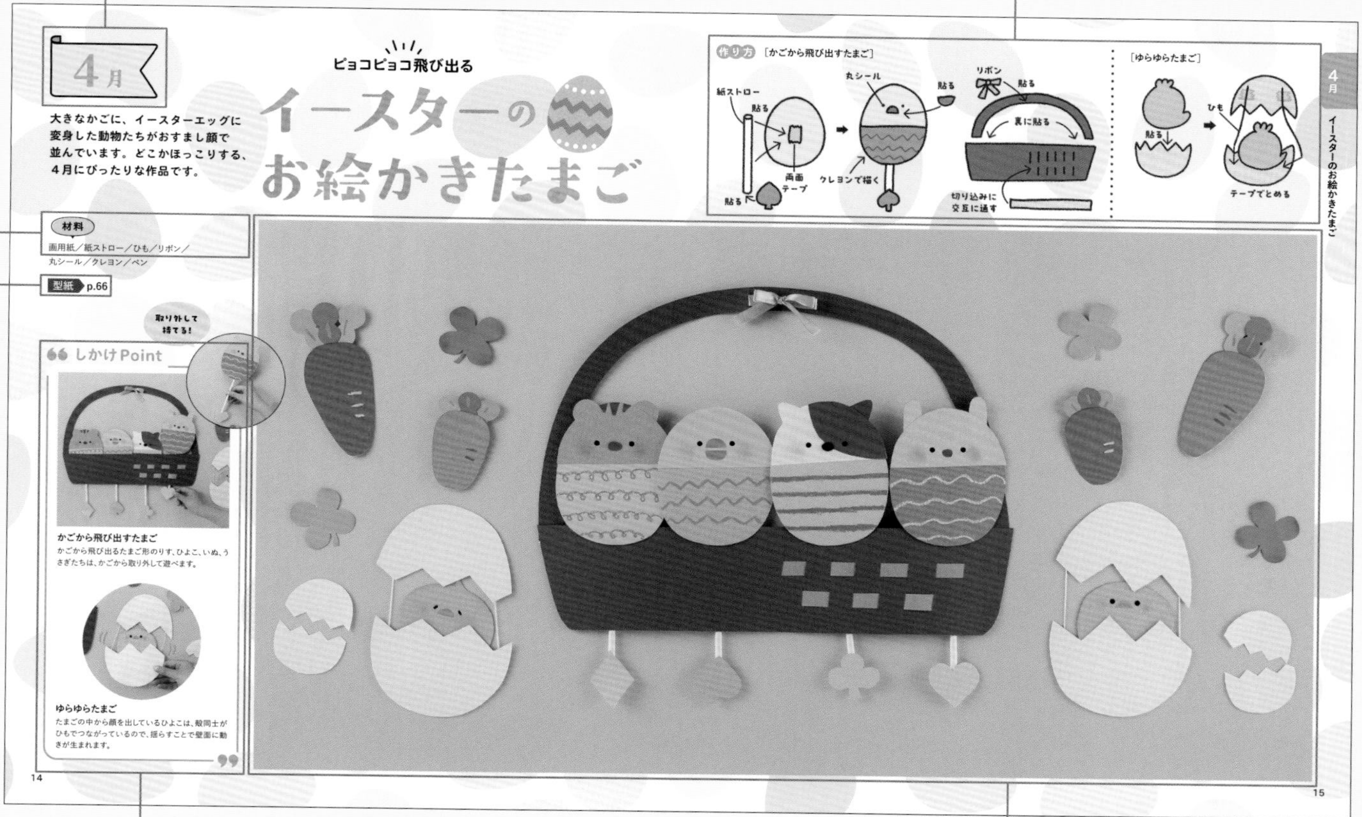

型紙

作品に対応している型紙のページを示しています。

しかけ Point

動かしたり、さわったり、描き込んだりして楽しめるいろいろなしかけを紹介しています。

作品の写真

しかけやアイデアがたくさんつまった壁面作品の見本写真です。

もくじ

しかけが楽しい壁面飾り

9月 うさぎさんとお月見 P.24
（型紙 P.76）

10月 秘密のハロウィンパーティー P.26
（型紙 P.79）

11月 きつねの森の探検 P.28
（型紙 P.81）

12月 わくわく雪のクリスマス P.30
（型紙 P.84）

1月 富士山の初日の出 P.32
（型紙 P.86）

2月 節分鬼たいじ P.34
（型紙 P.88）

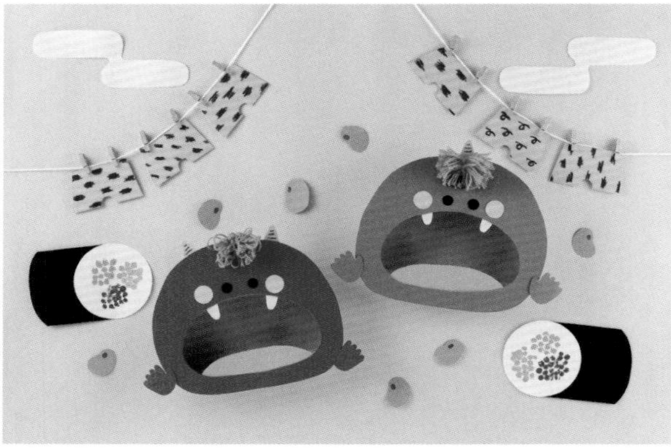

3月 ねずみのお花屋さん P.36
（型紙 P.90）

行事 入園・卒園おめでとう P.38
（型紙 P.92）

行事 フレーフレー運動会 P.40
（型紙 P.95）

行事 楽器いろいろ発表会 P.42
（型紙 P.98）

行事 夏祭りの屋台屋さん P.44
（型紙 P.100）

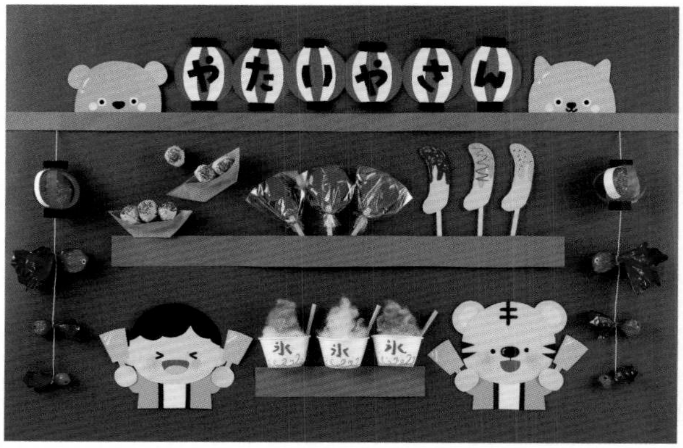

行事　チューチューねずみの遠足 P.46
（型紙 P.102）

行事　どきどきさつまいも掘り P.48
（型紙 P.106）

通年　妖精たちのお誕生会 P.50
（型紙 P.108）

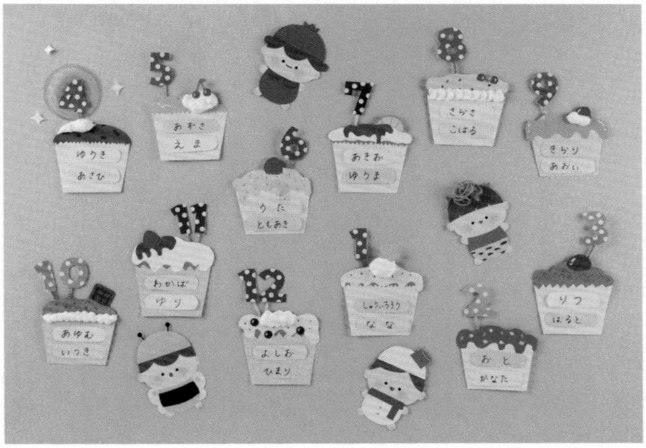

通年　避難訓練の合言葉 P.52
（型紙 P.112）

通年　すくすく健康診断 P.54
（型紙 P.115）

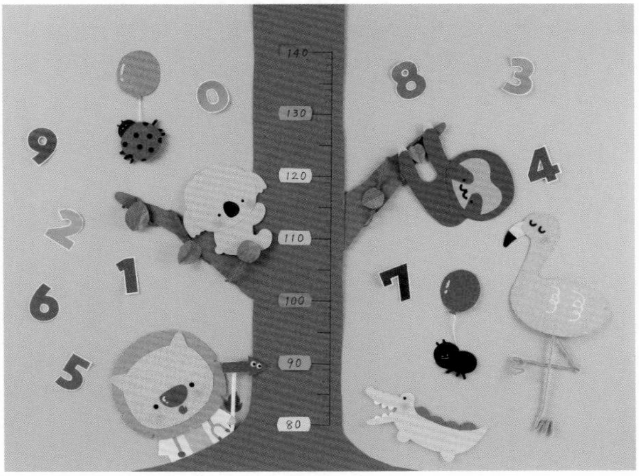

通年

お野菜かくれんぼ P.56

（型紙 P.117）

通年

いただきますとごちそうさま P.5

（型紙 P.120）

通年

歯みがきでむし歯予防 P.60

（型紙 P.123）

通年

ひつじさんとすやすやお昼寝 P.6

（型紙 P.125）

しかけが楽しい
壁面飾り

12か月を彩る壁面や
季節の行事をより楽しめる壁面、
いつでも使える学びの壁面など、
幅広く使える作品を紹介します。

4月

ピョコピョコ飛び出る イースターのお絵かきたまご

大きなかごに、イースターエッグに変身した動物たちがおすまし顔で並んでいます。どこかほっこりする、4月にぴったりな作品です。

材料

画用紙／紙ストロー／ひも／リボン／丸シール／クレヨン／ペン

型紙 p.66

取り外して持てる!

しかけPoint

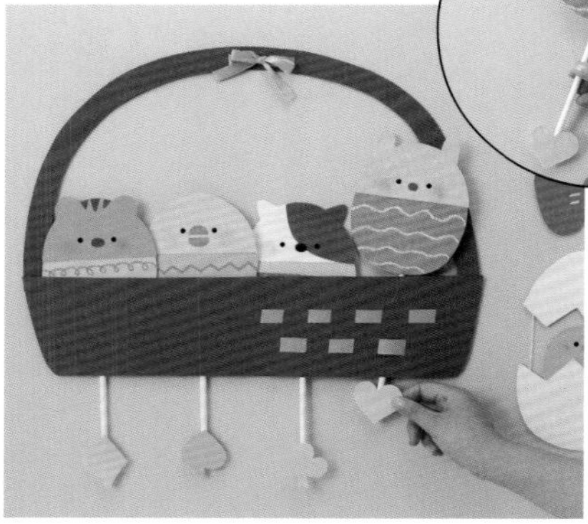

かごから飛び出すたまご

かごから飛び出るたまご形のりす、ひよこ、いぬ、うさぎたちは、かごから取り外して遊べます。

ゆらゆらたまご

たまごの中から顔を出しているひよこは、殻同士がひもでつながっているので、揺らすことで壁面に動きが生まれます。

り方 ［かごから飛び出すたまご］

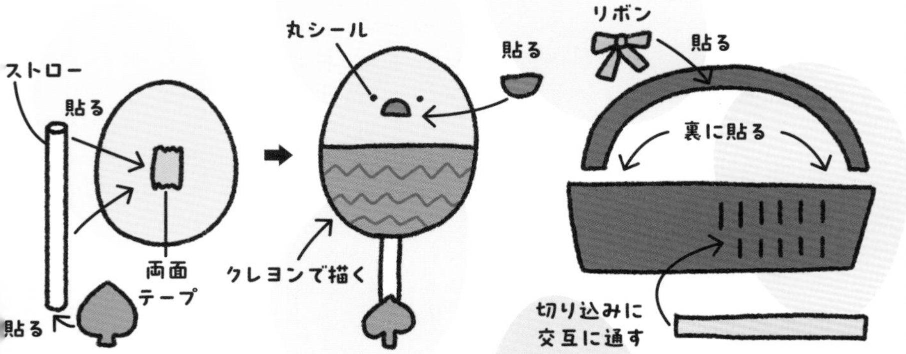

［ゆらゆらたまご］

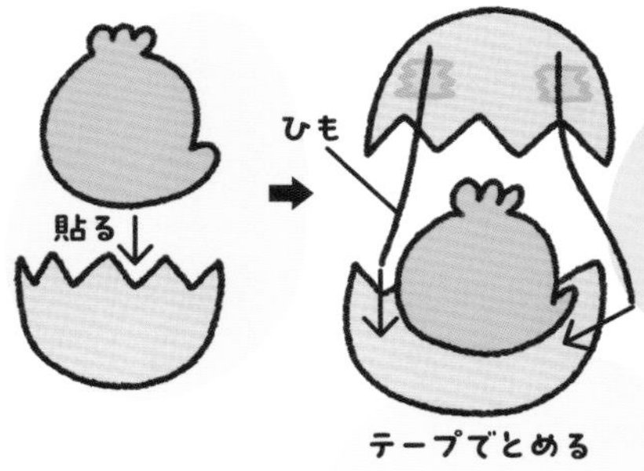

5月

カラフルこいのぼり

みんなでお祝いこどもの日

キラキラと光るこいのぼりに乗って空を飛ぶ金太郎とくま。
かしわもちのしろくまとうさぎもこどもの日をお祝いしてくれます。

材料

画用紙／折り紙／セロハン／ストロー／綿棒／丸シール／クレヨン

型紙 p.68

しかけPoint

折り紙かぶと

折り紙で作ったかぶとを貼ることで、作品に立体感が生まれます。

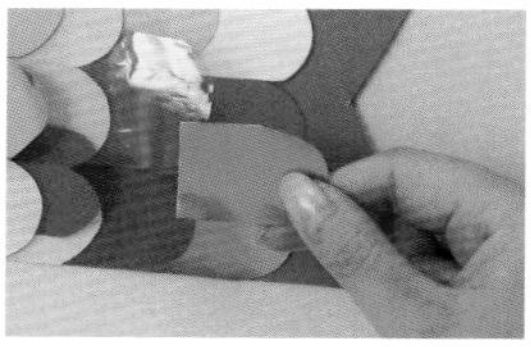

カラフルこいのぼり

金太郎とくまはこいのぼりから取り外して遊べます。こいのぼりのウロコはいろいろな色の折り紙やセロハンで色鮮やかに。

回る風車

綿棒で真ん中を固定した立体的な風車。息を吹きかけると、くるくると回ります。

作り方 ［回る風車］

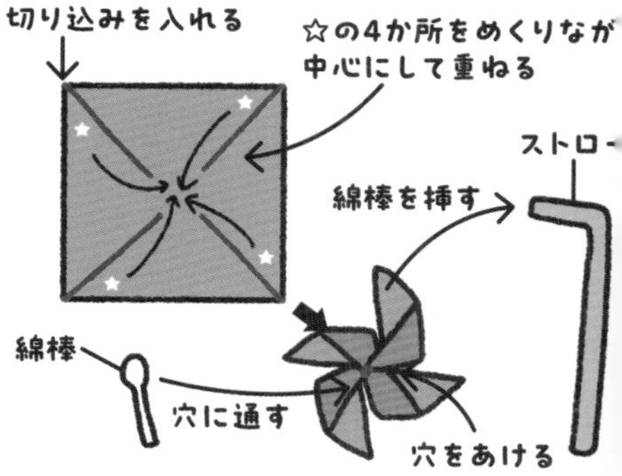

カラフルこいのぼり］

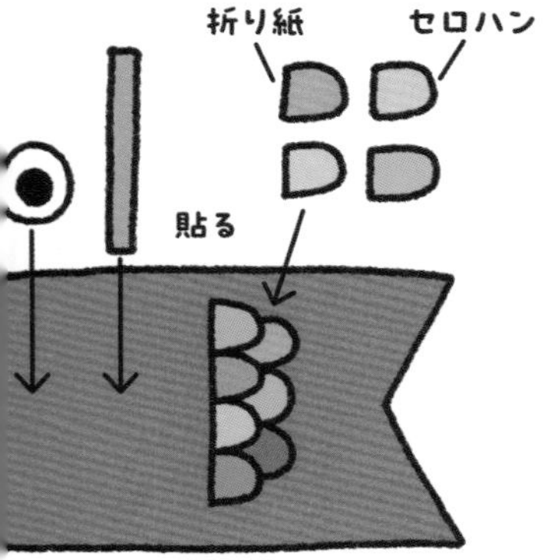

［折り紙かぶと］

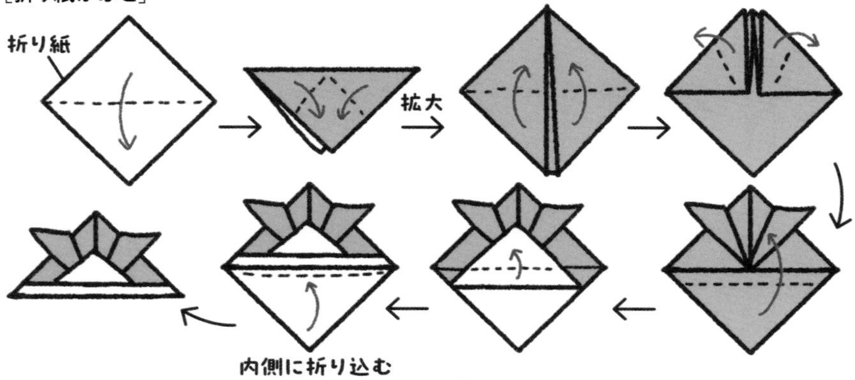

6月

透明てるてると
かえるの雨あそび

**水たまりの上ではしゃいで、 かえるになりきる子どもたち。
キラキラの雨粒や左右に動くてるてる坊主が梅雨の日を
晴れやかな気持ちにさせてくれます。**

材料

画用紙／折り紙／食品用ラップフィルム／ティッシュペーパー／
リボン／ストロー／ひも／丸シール／クレヨン／ペン

型紙 p.70

しかけPoint

キラキラ光る雨粒

折り紙で作った雨粒をひもで吊るします。銀色の折り紙などを使うと風に揺れて雨粒がキラキラと光ります。

動く透明てるてる

食品用ラップフィルムでできたてるてる坊主は、ひもに沿って左右に動きます。首元にリボンをつけておめかししましょう。

いろいろな
表情を
描いてみよう

みんなで作る雨粒

子どもたちに自由に顔を描いてもらい、オリジナルの雨粒をデザインしてみましょう。

作り方 ［キラキラ光る雨粒］

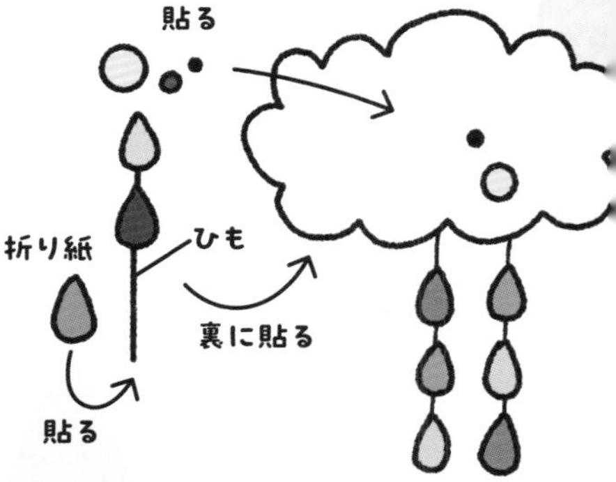

かく透明てるてる]

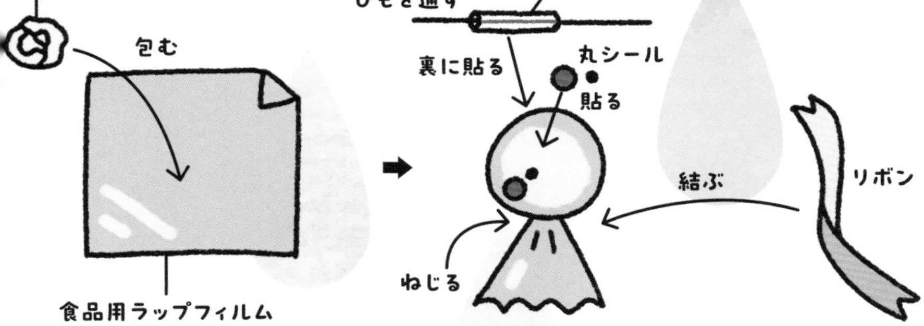
ィッシュペーパー
包む
食品用ラップフィルム
ひもを通す
切ったストロー
裏に貼る
丸シール
貼る
結ぶ
リボン
ねじる

流れ星に願いを込めて

7月 七夕のキラキラ天の川

すずらんテープの天の川を渡って再会する織姫と彦星。
子どもたちの願い事や名前を飾って、七夕を楽しみましょう。

材料

画用紙／折り紙／すずらんテープ／ひも／丸シール／ペン／クレヨン 型紙 p.72

しかけPoint

キラキラ立体星空

すずらんテープで作った天の川にキラキラ折り紙を貼ることで、幻想的な夜空を表現します。

願い事を
\ 書いてみよう! /

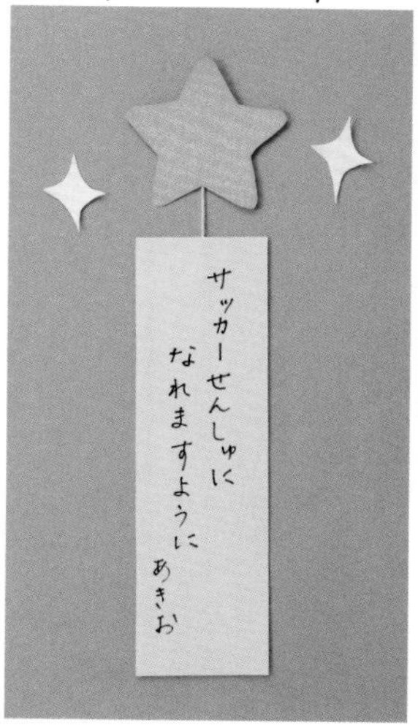

みんなの短冊

短冊にみんなの願い事と名前を書いて、星に吊るします。飾ったら、みんなで発表してみましょう。

作り方 [みんなの短冊]

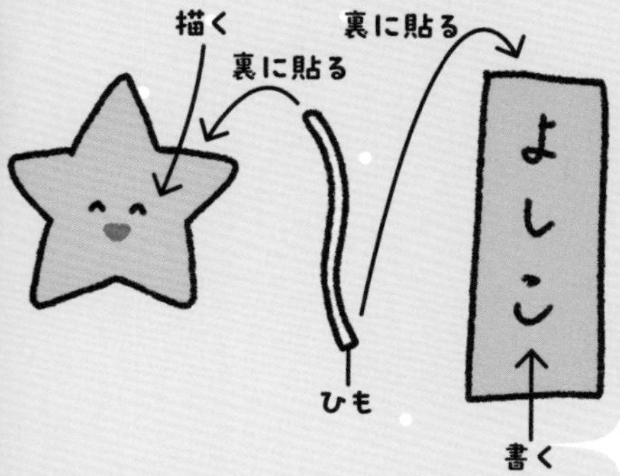

[キラキラ立体星空]

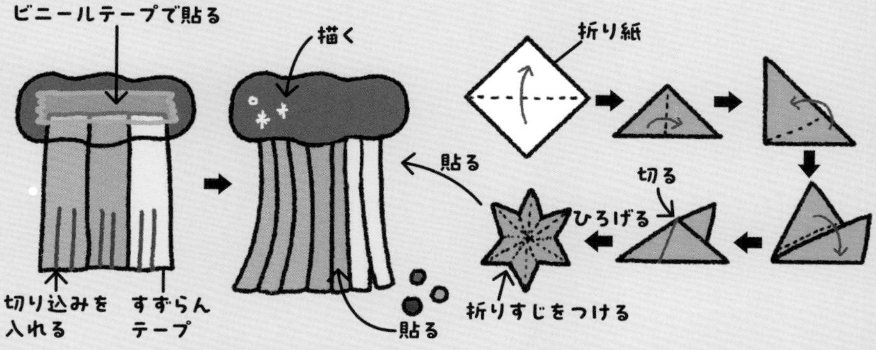

くじらに乗って

8月 海のなかまと大冒険

大きなくじらに乗って、海の大冒険に出発！ 波に漂うペンギンやめんだこ、クリオネ、サカバンバスピスの親子がやってきました。

材料

用紙／折り紙／すずらんテープ／丸シール／
ール／ストロー／ひも／クレヨン／ペン

型紙 p.74

作り方 ［くじらの口］

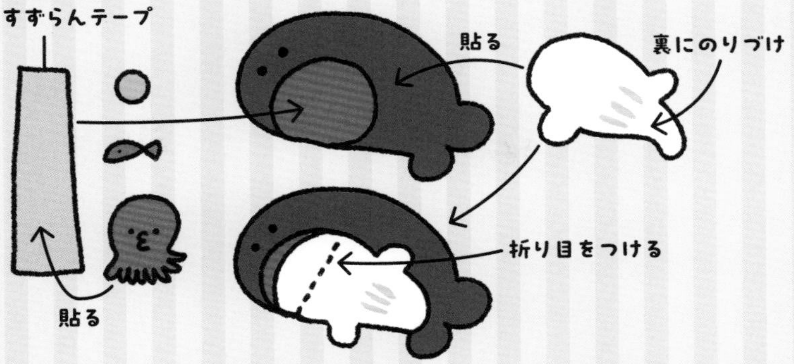

［波乗りペンギン］

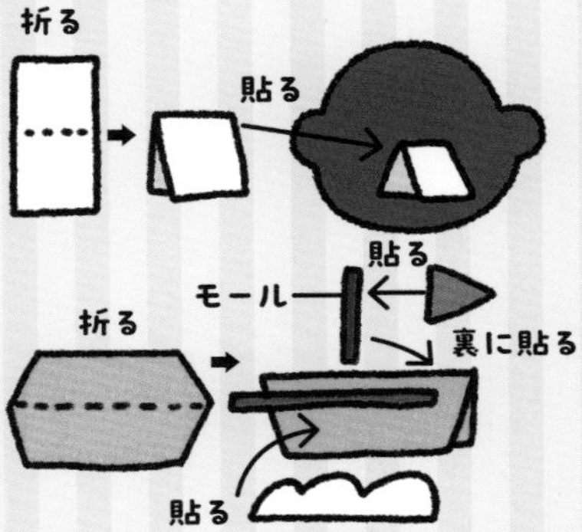

［空飛ぶかもめ］

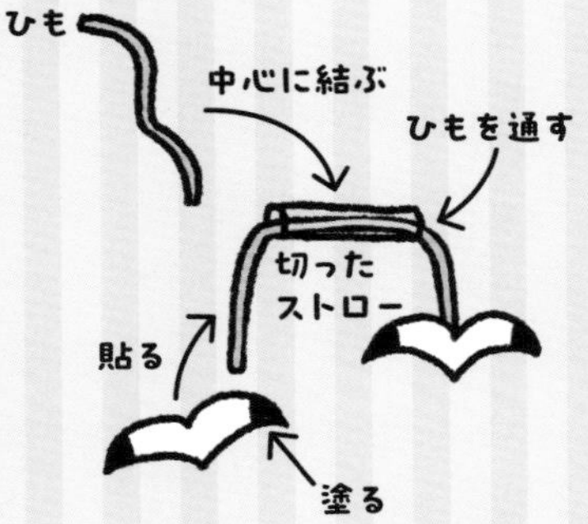

しかけPoint

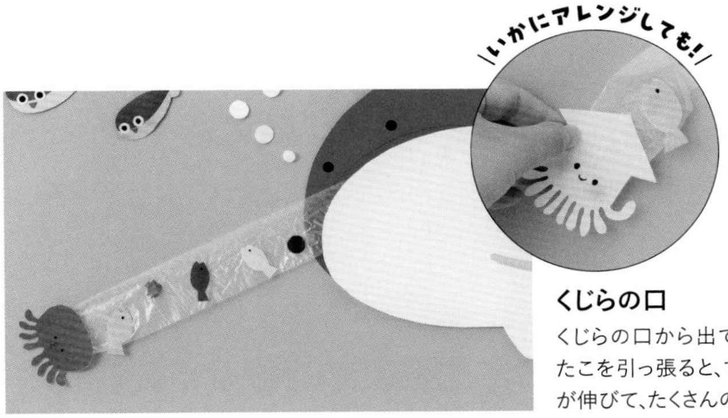

くじらの口

くじらの口から出てきたのは…!? たこを引っ張ると、すずらんテープが伸びて、たくさんの魚が現れます。

波乗りペンギン

大きな波に乗せてペンギンとヨットを横に動かすことができます。ペンギンとヨットの裏にはフックが付いています。

空飛ぶかもめ

かもめはストローとひもでモビール風にすれば、ゆらゆらと揺れて動きが出ます。

9月

おもちがびよ～ん
うさぎさんとお月見

秋の夜空で、うさぎたちがおもちつき。長～く伸びたおもちをおだんごにして、お月見パーティーのはじまりです！

材料

画用紙／半球型発泡スチロール／キルト芯／
ティッシュペーパーの空き箱／ひも／クレヨン／ペン

型紙 p.76

しかけPoint

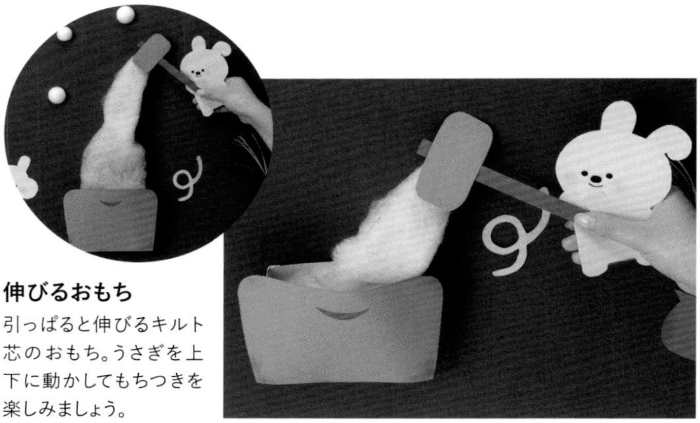

伸びるおもち
引っぱると伸びるキルト芯のおもち。うさぎを上下に動かしてもちつきを楽しみましょう。

揺れるうさぎ
月からひもで吊るしたブランコにうさぎを乗せて、揺らしてみましょう。

立体すすきとおだんご
すすきは、画用紙に切り込みを入れて作ります。おだんごは半球型発泡スチロールで表現しましょう。

作り方［揺れるうさぎ］

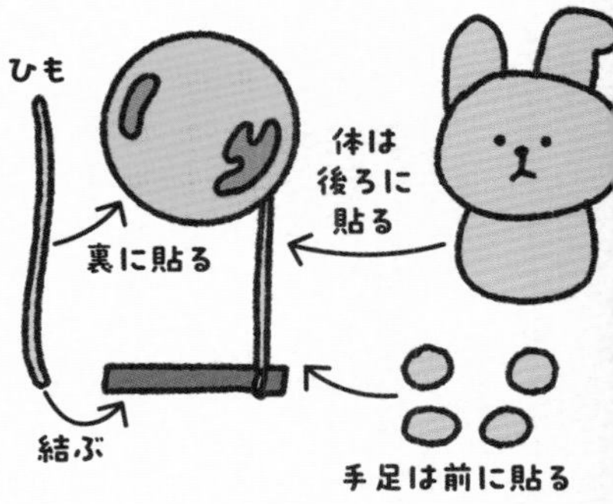

伸びるおもち］

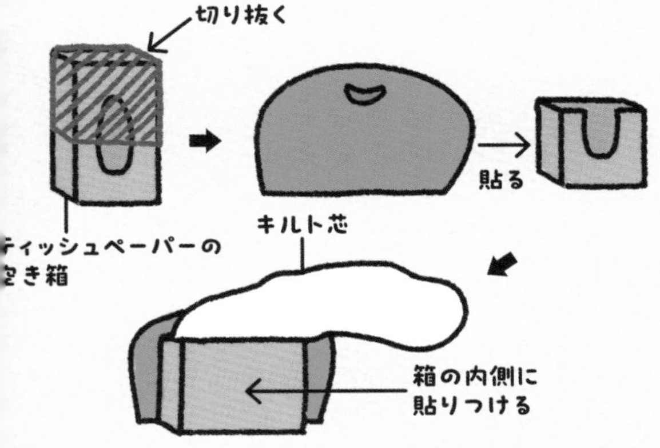

［立体すすき］

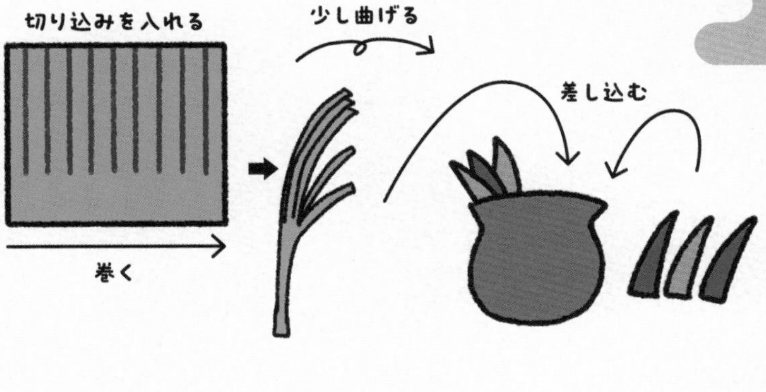

10月

ふわふわおばけと

秘密のハロウィンパーティー

ハロウィンのキャラクターたちがかぼちゃに乗って勢ぞろい！
星を蓄光シールで作って部屋を暗くすると……きれいに光ります。

材料

画用紙／毛糸／蓄光シール／モール／ストロー／丸シール／ひも／リボン／クレヨン／ペン

型紙 p.79

しかけPoint

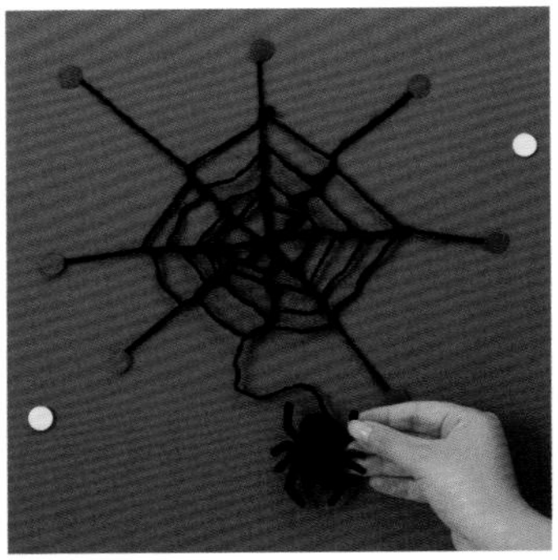

くもの巣
毛糸を結んで作った巣からくもをぶら下げて、あやしげな雰囲気を引き立てます。

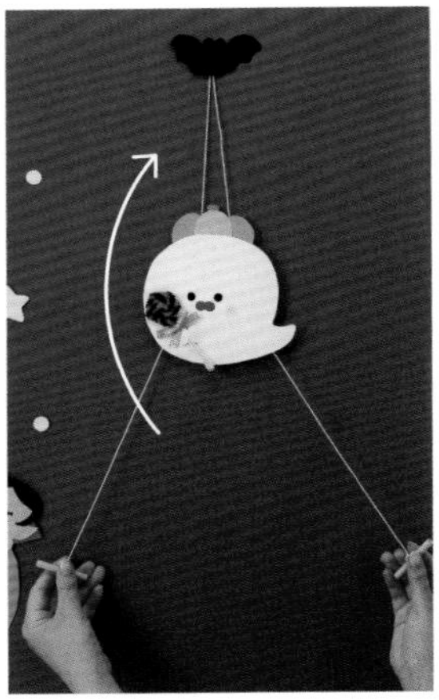

浮かぶおばけ
おばけの裏面のストローにひもを通し、左右に開くように引っぱるとおばけが浮遊します。

光る夜空
蓄光シールを切り貼りすると暗くしたときに星が浮かび上がります。

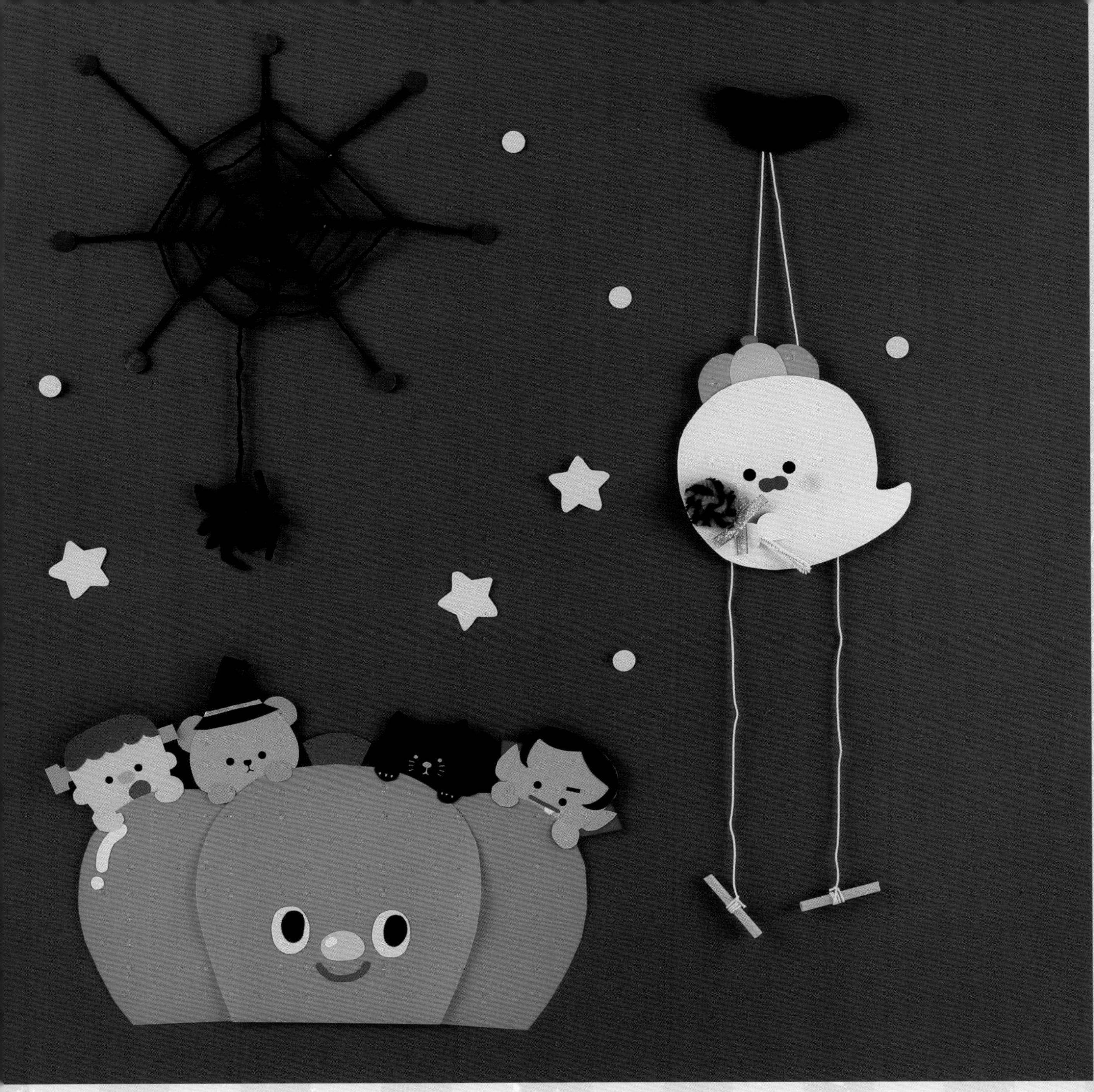

作り方 [くもの巣]

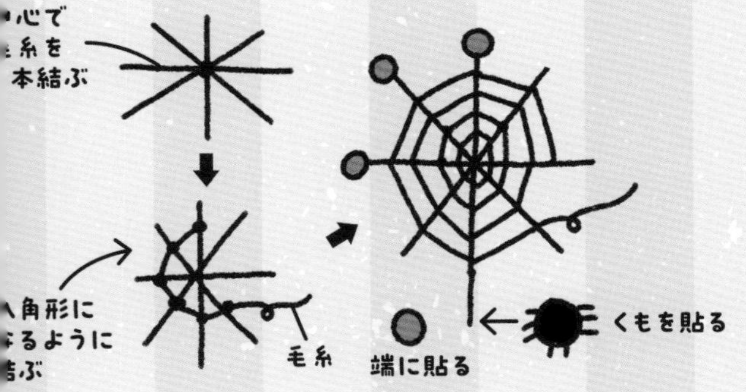

[浮かぶおばけ]

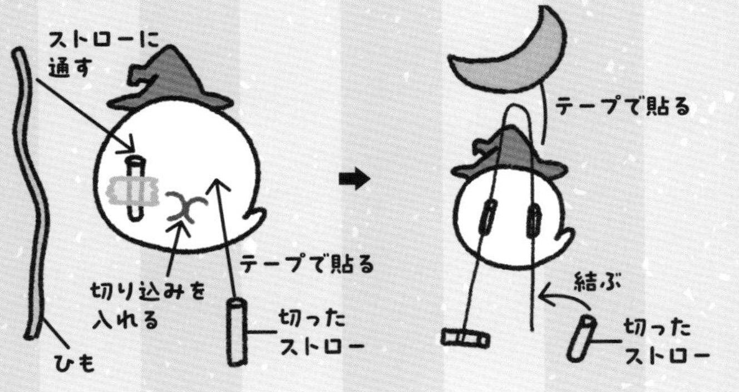

11月

どんぐりの車で
きつねの森の探検

材料

画用紙／紙コップ／紙ストロー／丸シール／絵の具／クレヨン／ペン

型紙 p.81

どんぐりの車に乗ったきつねの親子が紅葉した森の中をドライブ！
葉っぱを散りばめて自然豊かな秋を表現します。

り方 ［ゆび絵の具の木］

［くるくる回る車輪］

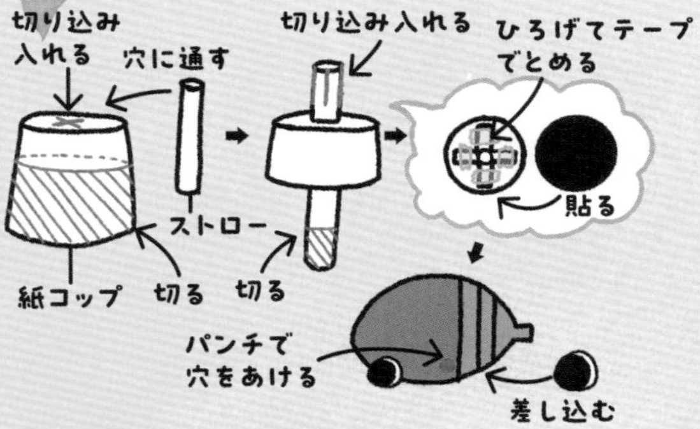

［切り紙の落ち葉］

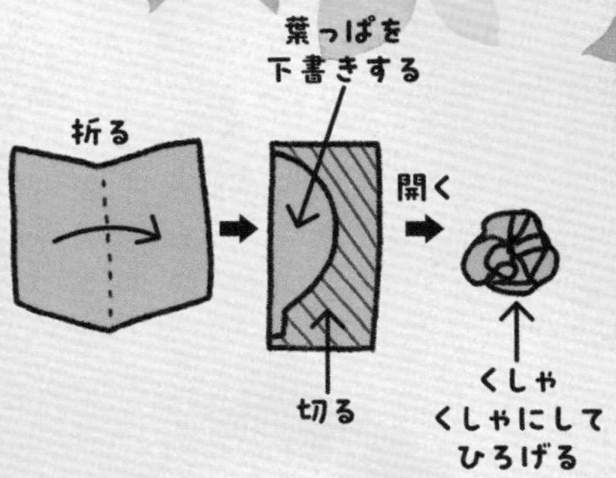

しかけPoint

ゆび絵の具の木
木にゆび絵の具で子どもたちが色をつけ、紅葉を表現します。

切り紙の落ち葉
葉っぱの形に切った画用紙を子どもたちがくしゃくしゃにすれば、本物の葉っぱのような仕上がりに。

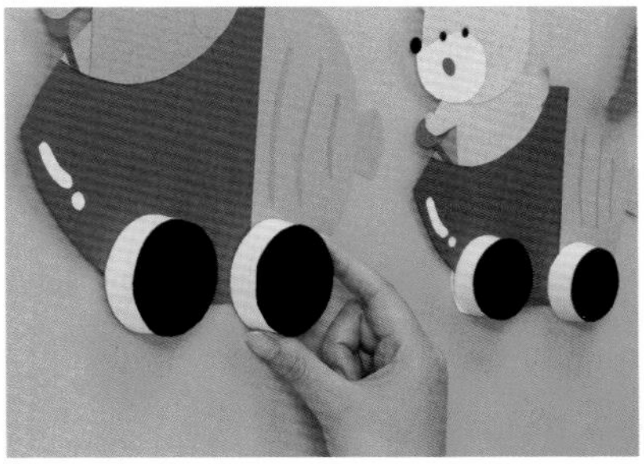

くるくる回る車輪
どんぐり型の車の車輪は紙コップと紙ストローで立体的に制作。手でくるくる回すことができます。

12月

窓を開けたら
わくわく雪のクリスマス

窓を開けると、子どもとアルパカがサンタさんを待っています。トレーシングペーパーの透け感で、リアルな窓や雪を演出。

材料

画用紙／折り紙／トレーシングペーパー／リボン／セロハン／モール／紙ストロー／丸シール／クレヨン／ペン

型紙 p.84

しかけPoint

開くプレゼント

プレゼントボックスを開くと、中にはモールで作ったさまざまなおもちゃが入っています。

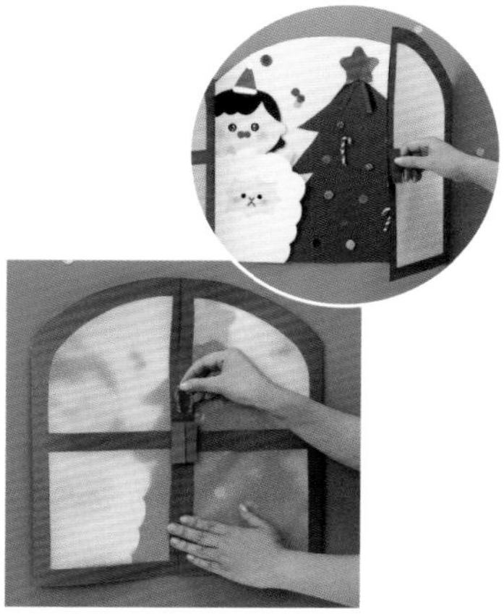

透ける窓

窓はモールで固定されていて、外すと両開きに。窓を開くと、大きなクリスマスツリーが！

作り方 ［開くプレゼント］

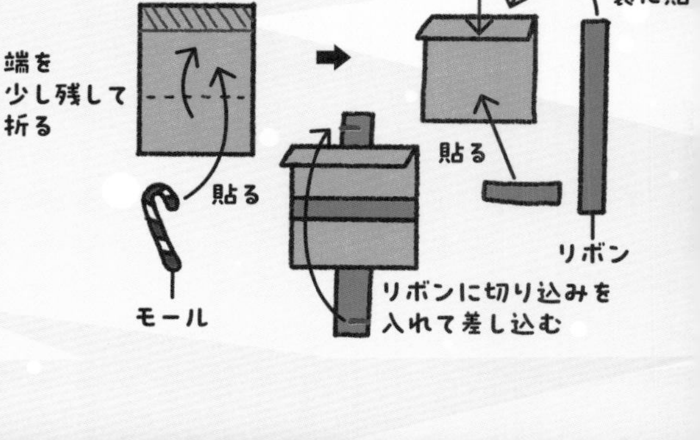

透ける窓]

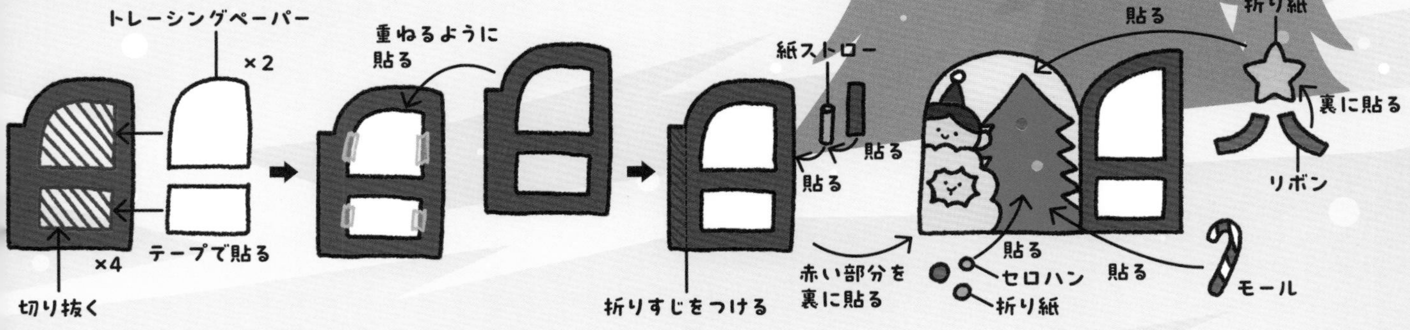
トレーシングペーパー
×2
切り抜く
×4
テープで貼る
重ねるように貼る
折りすじをつける
紙ストロー
貼る
貼る
赤い部分を裏に貼る
貼る
折り紙
貼る
セロハン
折り紙
貼る
モール
裏に貼る
リボン

1月

にっこり福笑い

富士山の初日の出

羽根つきをしながら、初日の出を迎える動物たち。
富士山の顔のパーツで福笑いを楽しみましょう。

材料

画用紙／折り紙／リボン／丸シール／クレヨン／ペン

型紙 p.86

しかけPoint

揺れる凧
キラキラ折り紙の着物を着たうさぎとコアラの凧。しっぽはリボンでできているので、ひらひらと揺れます。

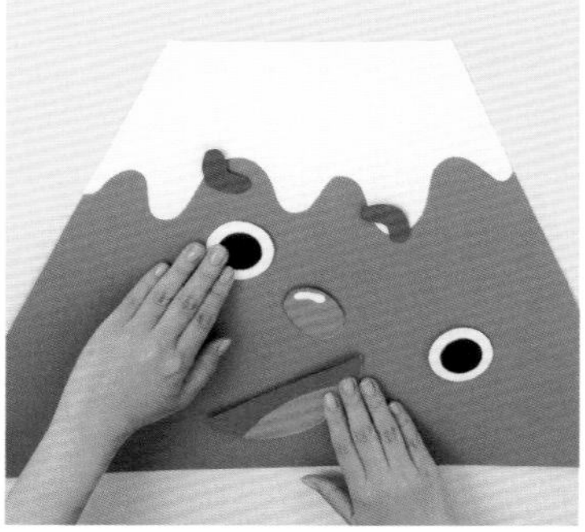

富士山の福笑い
富士山の顔で福笑いができます。みんなで伝承遊びを楽しみましょう。

り方 ［揺れる凧］

2月

みんなで豆をぽーい！

節分鬼たいじ

青鬼と赤鬼に向かって豆を投げて遊べます。
大きな恵方巻を作ってみんなで味を想像してみましょう。

材料

画用紙／ティッシュペーパーの空き箱／フラワーペーパー／毛糸／
洗濯ばさみ／ひも／クレヨン／絵の具

型紙 p.88

しかけPoint

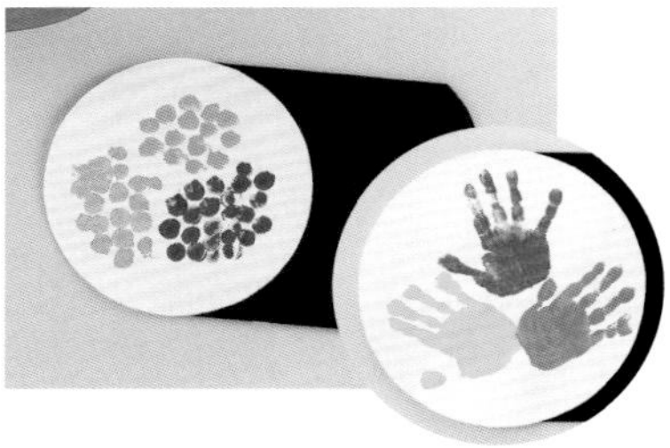

大きな恵方巻き
子どものゆび絵の具で恵方巻きの具を表現します。手形でアレンジにしても。

豆まき
ティッシュペーパーの箱で鬼の口を作れば豆投げゲームができます。フラワーペーパーを丸めて豆に見立て、鬼の口めがけて投げ入れましょう。

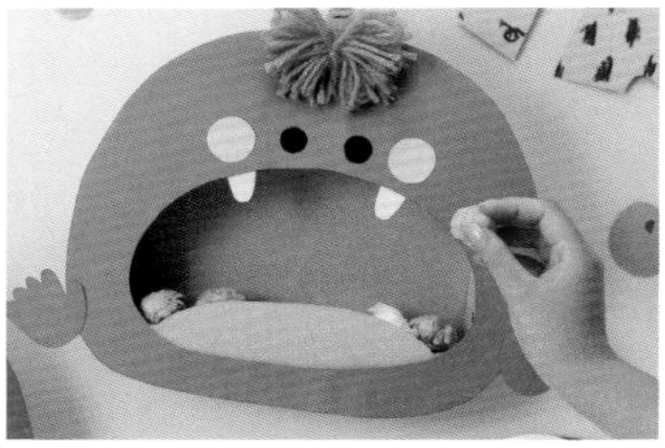

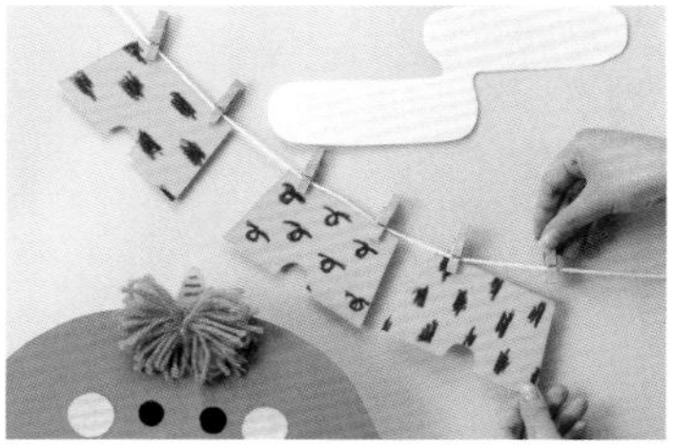

みんなで作る鬼のパンツ
鬼のパンツの柄も子どもたちが自由に描いて、完成したら洗濯ばさみで吊るします。

作り方 ［大きな恵方巻き］

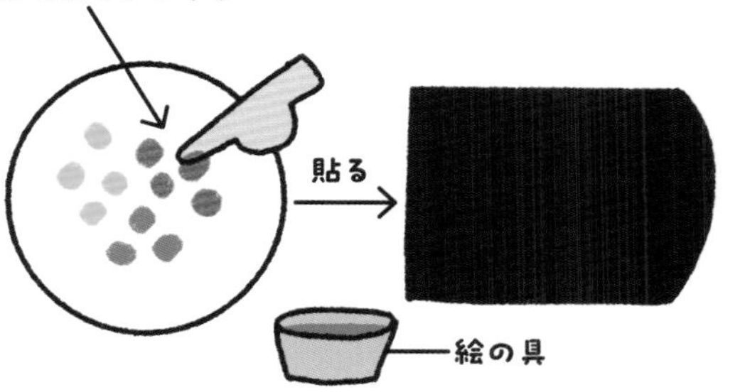

豆まき]

ティッシュ
ペーパーの
空き箱
り抜く
クレヨンで描く
貼る
貼る
貼る
毛糸
中心を結ぶ
切る
ほぐす
ほぐす

[鬼のパンツ]

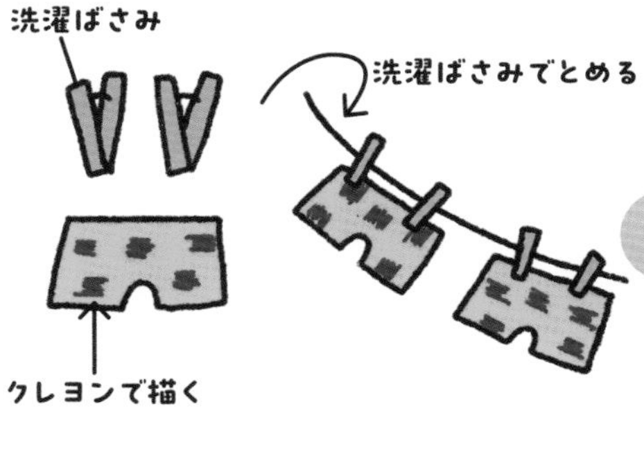
洗濯ばさみ
洗濯ばさみでとめる
クレヨンで描く

3月

ゆらゆらみつばちと

ねずみのお花屋さん

もくもくと煙が出ているおうちの扉を開くと、
ねずみのお花屋さんが。周りにはみつばちや
ちょうちょう、てんとうむしなど
早春に見られる虫たちが飛んでいます。

材料

画用紙／綿／モール／ひも／ペン 型紙 p.90

しかけPoint

立体チューリップ

チューリップに折りすじをつけて重ねれば立体的に。華やかな印象になります。

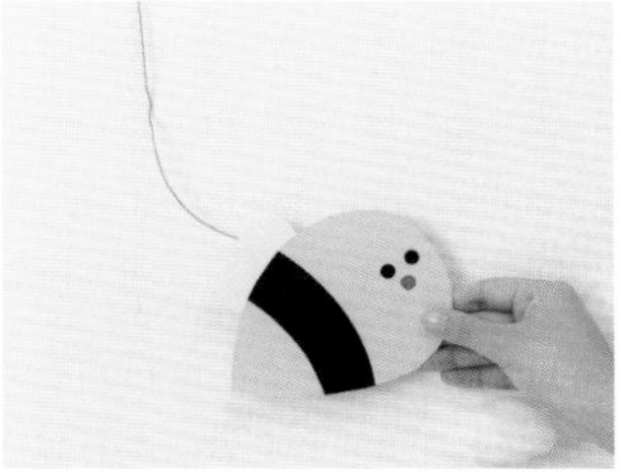

飛んでるみつばち

みつばちをひもで吊るせば、まるで飛んでいるかのように表現できます。

もこもこ煙

綿を小さくちぎって立体的にした煙。引っぱったり、つぶしたりと好きな形にすることでアクセントになります。

ドアからこんにちは

ドアを開けると、中からねずみが歓迎してくれます。平面ですが、奥行きを感じさせてくれるアイデアです。

作り方

［立体チューリップ］

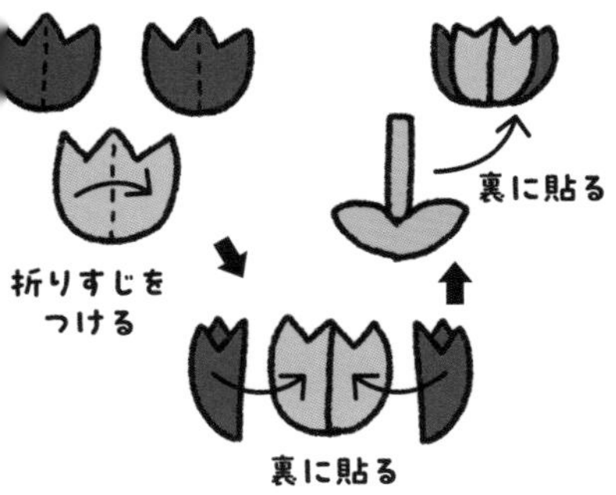

［飛んでるみつばち］

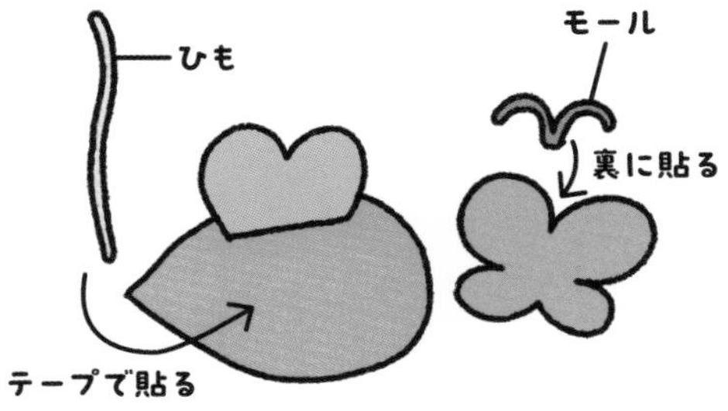

［ドアからこんにちは］

行事

ひらひらさくら

入園・卒園おめでとう

園バッグや卒園証書など、子どもたちの持ち物を変えることで
入園式と卒園式のどちらにも使える壁面飾りです。

材料

画用紙／折り紙／綿／ひも／丸シール／クレヨン／ペン

型紙 p.92

作り方 ［立体たんぽぽ］

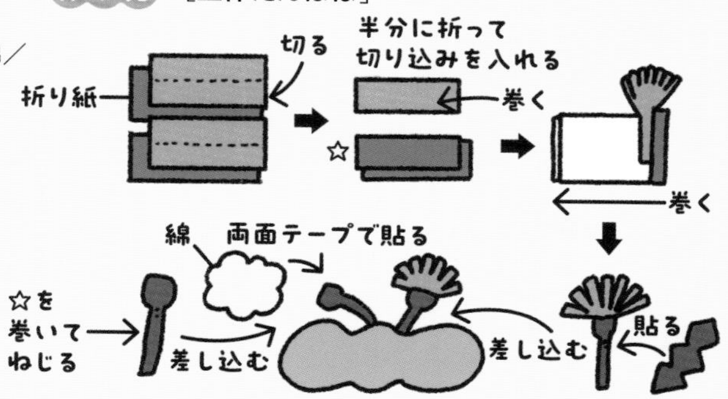

［ふうせん］

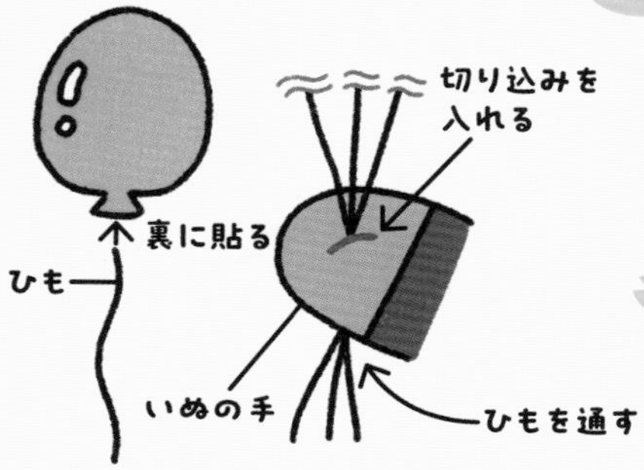

しかけPoint

アレンジ可能な持ち物

入園式では園バッグや帽子を身に付け、卒園式では卒園証書を持たせてアレンジ。

ふうせん

動物たちの手に切り込みを入れ、ひもを束ねて通せば、動物たちがふうせんで飛んでいるように見えます。

立体たんぽぽとさくら

折り紙や綿を使うとリアルなたんぽぽに。さくらの花びらに折りすじをつけて散りばめることで春を表現します。

行事

引っぱれ！綱引き

フレーフレー運動会

**動物たちの綱引きのひもを左右に動かして遊ぶことができます。
応援しているひよこやカラフルな紙吹雪でにぎやかに。**

材料

画用紙／すずらんテープ／
ひも（細いひもと太いひも２種）／フェルト／
ストロー／モール／クレヨン／ペン

型紙 p.95

しかけPoint

綱引き

ひもを支えるストローが付いているので固定したストローにひもを通して、左右に引っぱり合って、綱引き遊びができます。

立体ポンポン

すずらんテープで作った立体的なポンポンが作品にボリューム感をプラスします。

ふんわり雲

フェルトの質感で雲のふわふわしたイメージを表現することができます。

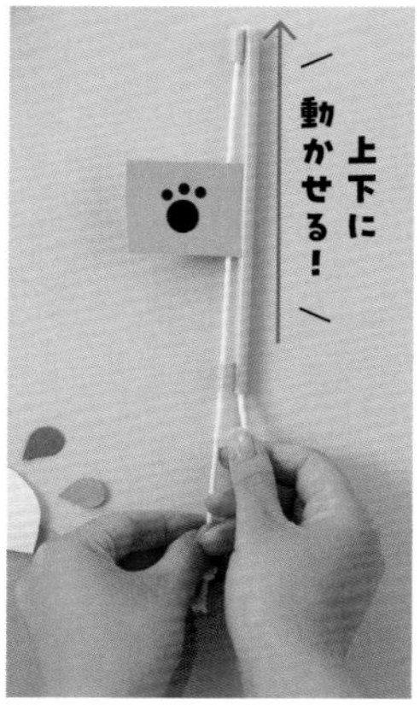

動かせる旗

ストローを支柱にした肉球マークの旗は、ひもを操作して上下に動かせます。

り方

［綱引き］

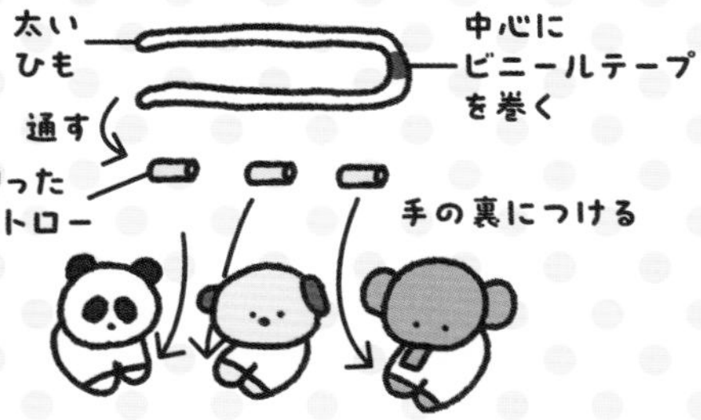

［立体ポンポン］

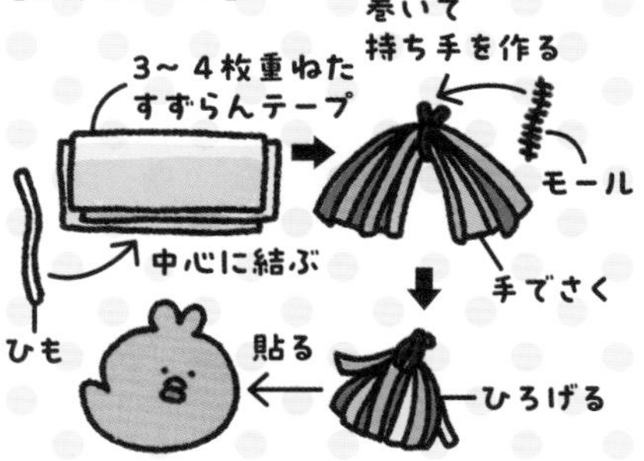

［動かせる旗］

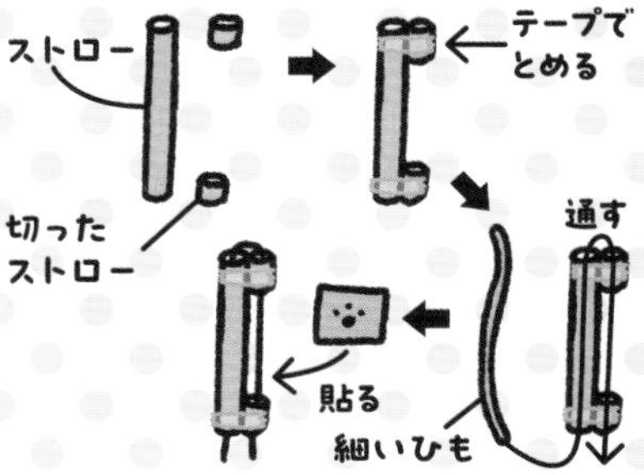

♪空飛ぶピアノ♫

楽器いろいろ発表会

**楽器を持った動物たちがリズムよく音を奏でます。
大きな鍵盤を使ってピアノの練習ができる壁面です。**

材料

画用紙／トレーシングペーパー／ひも／ストロー／モール／紙コップ／すず／スポンジ／丸シール／クレヨン／ペン

型紙 p.98

しかけPoint

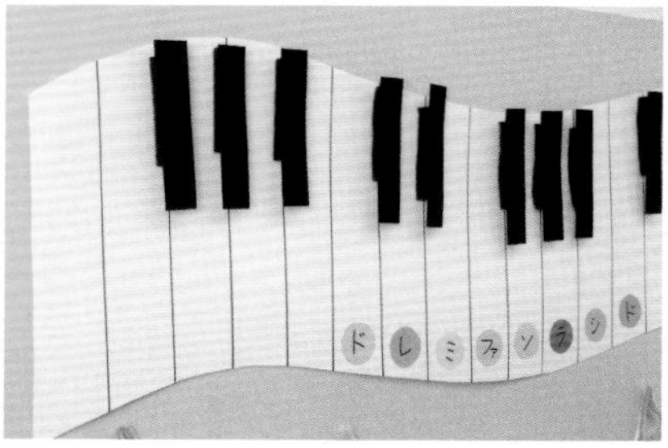

大きな立体鍵盤

黒鍵の土台にスポンジを使うことによって、鍵盤全体が立体的に見えます。音階シールを貼れば音遊びをすることも。

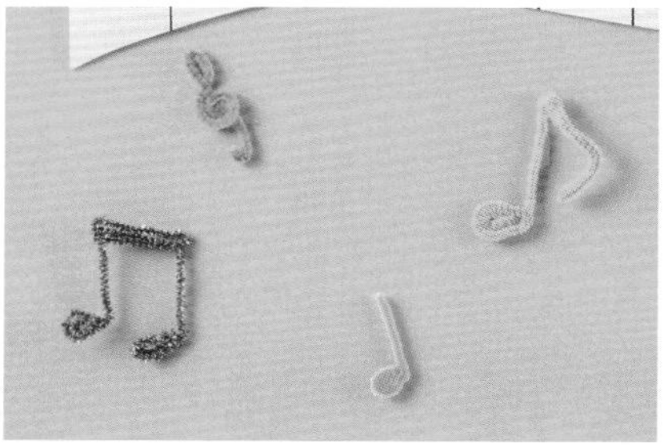

立体音符

カラフルなモールを丸めたりねじったりすることで音符に。作品を色鮮やかに演出してくれます。

いろいろな立体楽器

トレーシングペーパーと紙コップでたいこ、モールとすずでリングベルなど、身近な材料で手軽にかわいい楽器が作れます。

作り方

[大きな立体鍵盤]

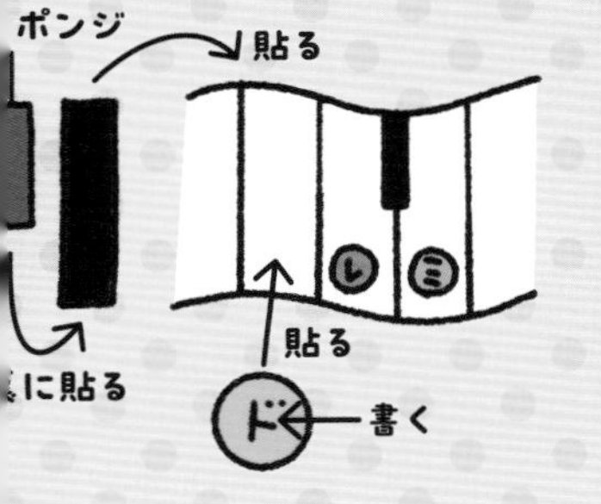

[いろいろな立体楽器]

タンバリン

トライアングル

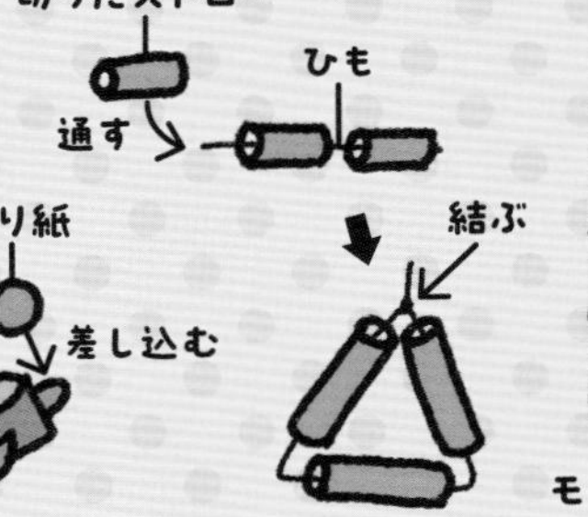

リングベル

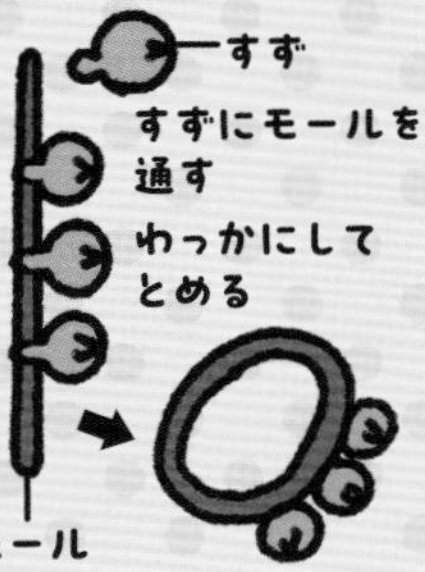

たいこ

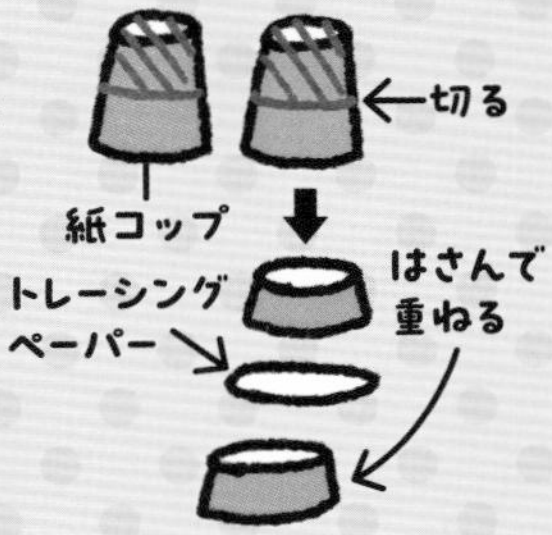

行事

おいしいものいっぱい

夏祭りの屋台屋さん

りんごあめやチョコバナナ、かき氷、たこ焼きなど、子どもに人気の屋台の食べものが勢ぞろい。夏祭り気分を味わいましょう！

材料

画用紙／クラフト紙／ひも／ストロー／紙コップ／綿／セロハン／モール／OPP 袋／木製スティック／丸シール／ティッシュペーパー／クレヨン／絵の具／ペン

型紙 p.100

しかけPoint

立体屋台

屋台のおかしや食べものが取り外せます。二段目はポケットになっているので棒を差し込んで収納することも。

揺れる提灯金魚

灯りや金魚をセロハンで作り、吊るし飾りに。素材の透明感が涼しさを演出します。

作り方 ［揺れる提灯金魚］

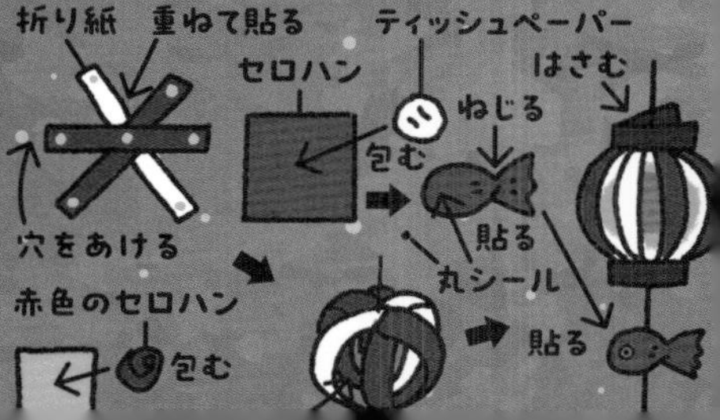

たいやさん
氷
氷
氷

立体屋台］

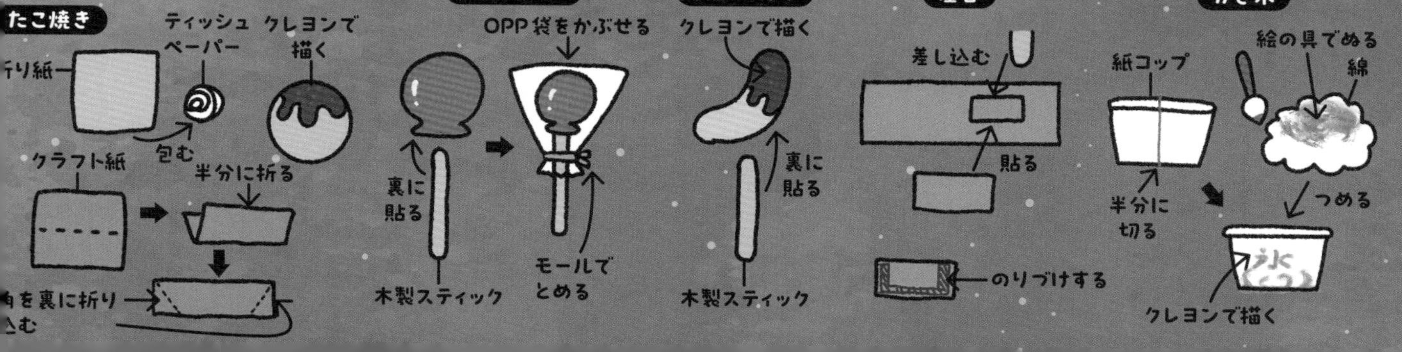
たこ焼き
ティッシュペーパー
クレヨンで描く
行り紙
包む
クラフト紙
半分に折る
角を裏に折り込む
りんごあめ
OPP袋をかぶせる
裏に貼る
木製スティック
モールでとめる
チョコバナナ
クレヨンで描く
裏に貼る
木製スティック
屋台
差し込む
貼る
のりづけする
かき氷
紙コップ
半分に切る
絵の具でぬる
綿
つめる
クレヨンで描く

行事

＼おにぎり山と／

チューチューねずみの遠足

大きなおにぎりの山から太陽が顔を出して、晴れやかな遠足日和に。汽車に子どもたちの似顔絵を貼って、おでかけ気分を味わいましょう。

材料

画用紙／フェルト／紙ねんど／面ファスナー／モール／丸シール／クレヨン／ペン

型紙 p.102

しかけPoint

もこもこおにぎり山

フェルトで作ったおにぎりの山。面ファスナーでつけたのりをめくると、中から鮭や梅干しなどの具が現れます。

ねずみの汽車

子どもたちがクレヨンで描いた似顔絵をねずみの汽車に貼ります。

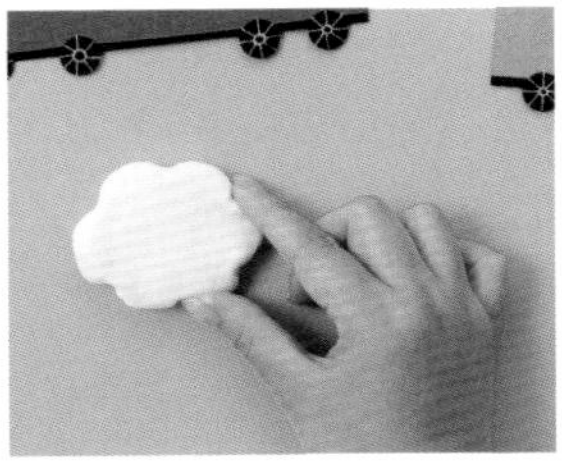

ぷくぷく雲

紙ねんどで作って立体的にします。みんなで自由な形に作りましょう。

り方 ［おにぎり山と太陽］

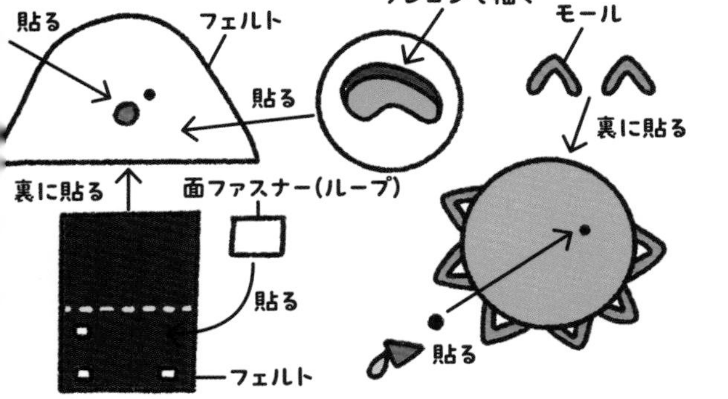

［ねずみ］

行事

金のおいもはどこだろう？

どきどきさつまいも掘り

いろいろなところからつるが伸びて、さあ、みんなでさつまいもを収穫！
隠れているさつまいももあるみたい！？

材料

画用紙／折り紙／毛糸／ティッシュペーパー／クレヨン

型紙 p.106

しかけPoint

引っぱると出てくるさつまいも

ポケット状になった土から飛び出たつるを引っぱるとさつまいもが出てきます。金色の折り紙でできたさつまいもを隠して、子どもたちをおどろかせましょう。

立体のさつまいも

画用紙にティッシュペーパーを包んで作ったさつまいも。ハート形の葉っぱはくしゃくしゃにすると、まるで本物のように。

土から顔出すもぐらたち

バック紙に切り込みを入れてもぐらを差し込み、手を貼れば完成。もぐらが地面から顔を出しているように見えます。

り方 ［立体のさつまいも］

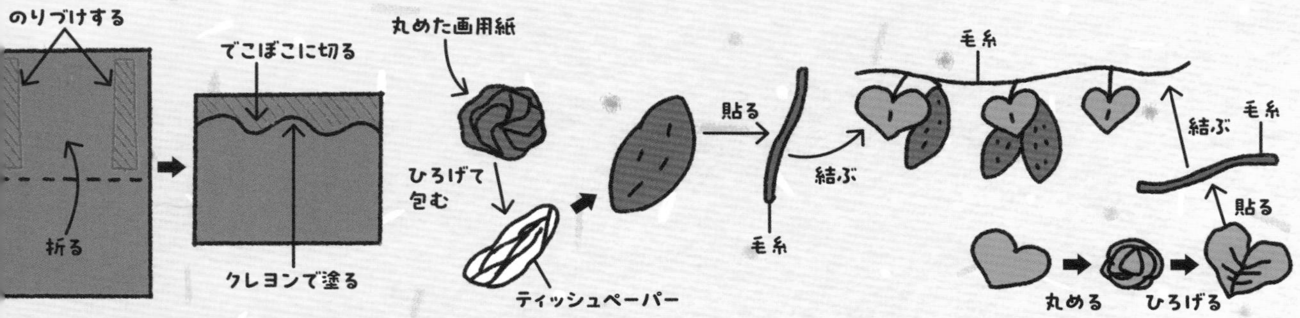
のりづけする
折る
でこぼこに切る
クレヨンで塗る
丸めた画用紙
ひろげて
包む
ティッシュペーパー
貼る
毛糸
結ぶ
毛糸
毛糸
結ぶ
貼る
丸める
ひろげる

通年

カラフルケーキでお祝い

妖精たちのお誕生会

さまざまなカップケーキをモチーフにしたお誕生表です。
クラスの子どもたちの名前を貼ってお祝いしましょう。

材料

画用紙／毛糸／セロハン／モール／ホイップ紙ねんど／クレヨン／ペン

型紙 p.108

しかけPoint

お誕生月のキラキラ

該当月にあわせてカップケーキの数字の裏にセロハンとキラキラを配置しましょう。数字のろうそくに火がつくしかけです。

ふわふわホイップ

ホイップ紙ねんどを使えば、まるでホイップクリームのような、ふわふわでおいしそうな飾りを作れます。

お誕生表

子どもたちのお誕生月のカップケーキに名前を貼って、クラスのお誕生表を作りましょう。

作り方 ［お誕生月のキラキラ］

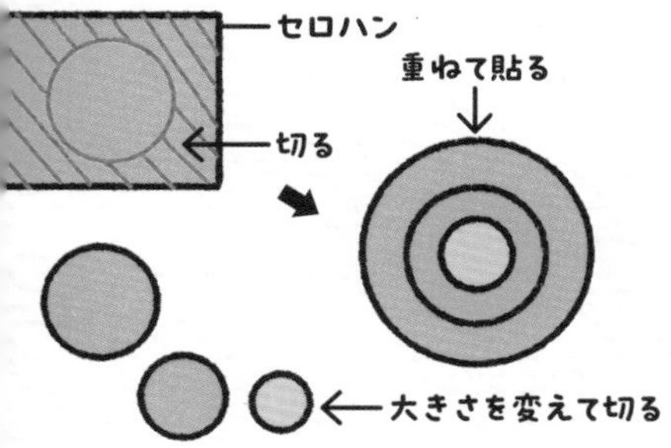

［ふわふわホイップ］

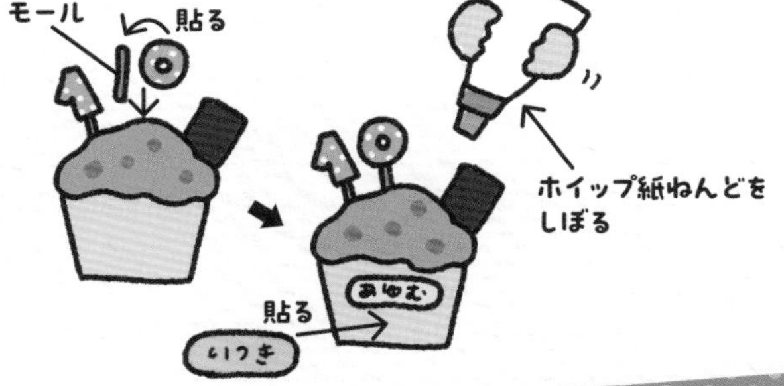

通年

ペンギンさんとおやくそく

避難訓練の合言葉

避難訓練の合言葉おかしもちはどんな意味でしょうか。
子どもたちにクイズを出しながら防災の心得を学びましょう。

材料

画用紙／クリアファイル／木製スティック／フェルト／クレヨン／ペン

型紙 p.112

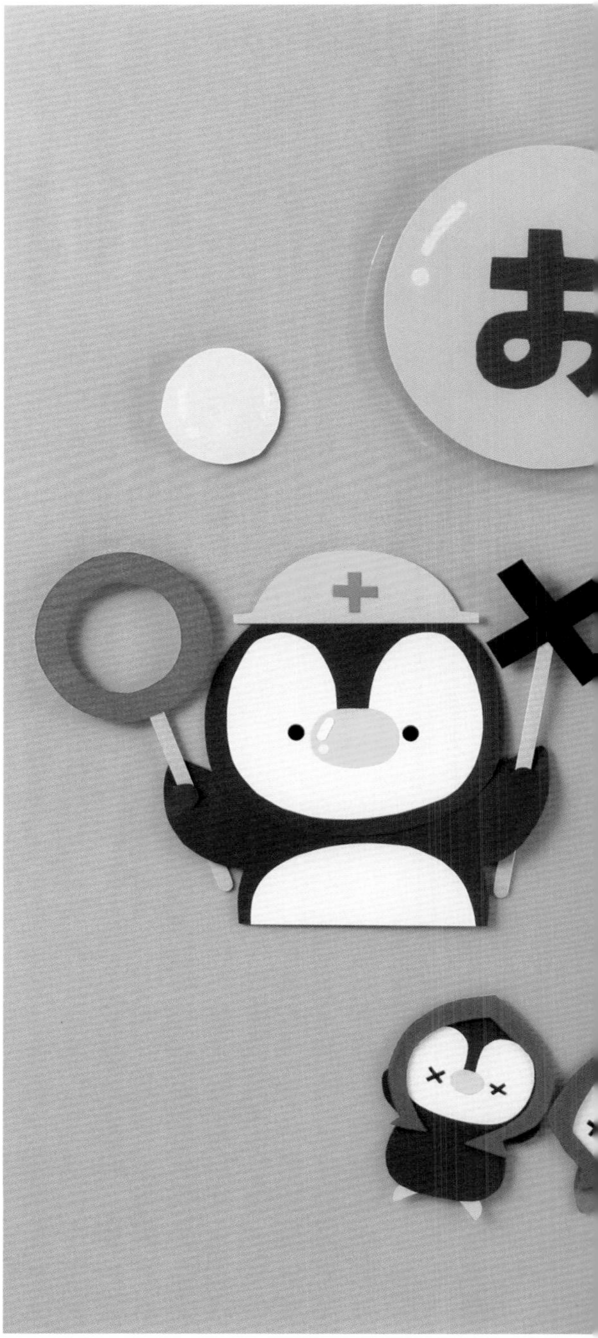

しかけPoint

「おかしもち」のシャボン玉
「おかしもち」の裏には、それぞれの意味を書きます。クリアファイルで作ったポケットに入れ、取り出して答えを確認できます。

フェルトの防災頭巾
フェルトで作った防災頭巾が作品を立体的にします。フェルトならではのふわふわした素材感がペンギンをよりかわいく演出！

○×クイズ棒
○と×の棒は取り外せるので、「おかしもち」の問題やクイズを出したときに使ってもよいでしょう。

※おかしもち：押さない・かけない・しゃべらない・もどらない・近づかない

作り方 [「おかしもち」のシャボン玉]

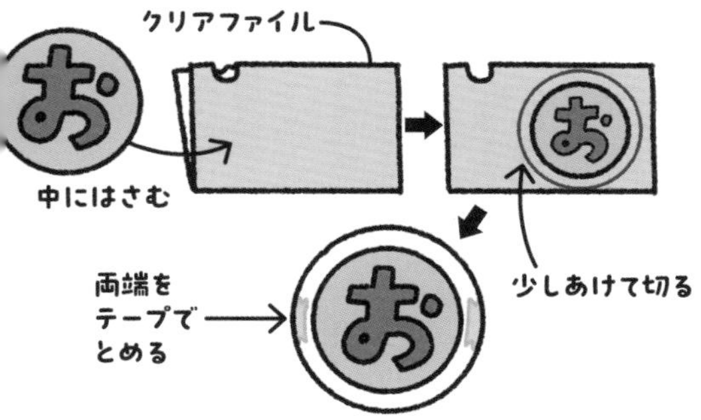

[○×クイズ棒]

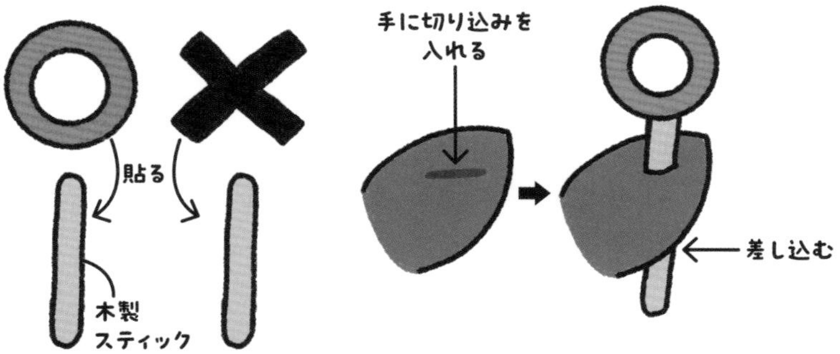

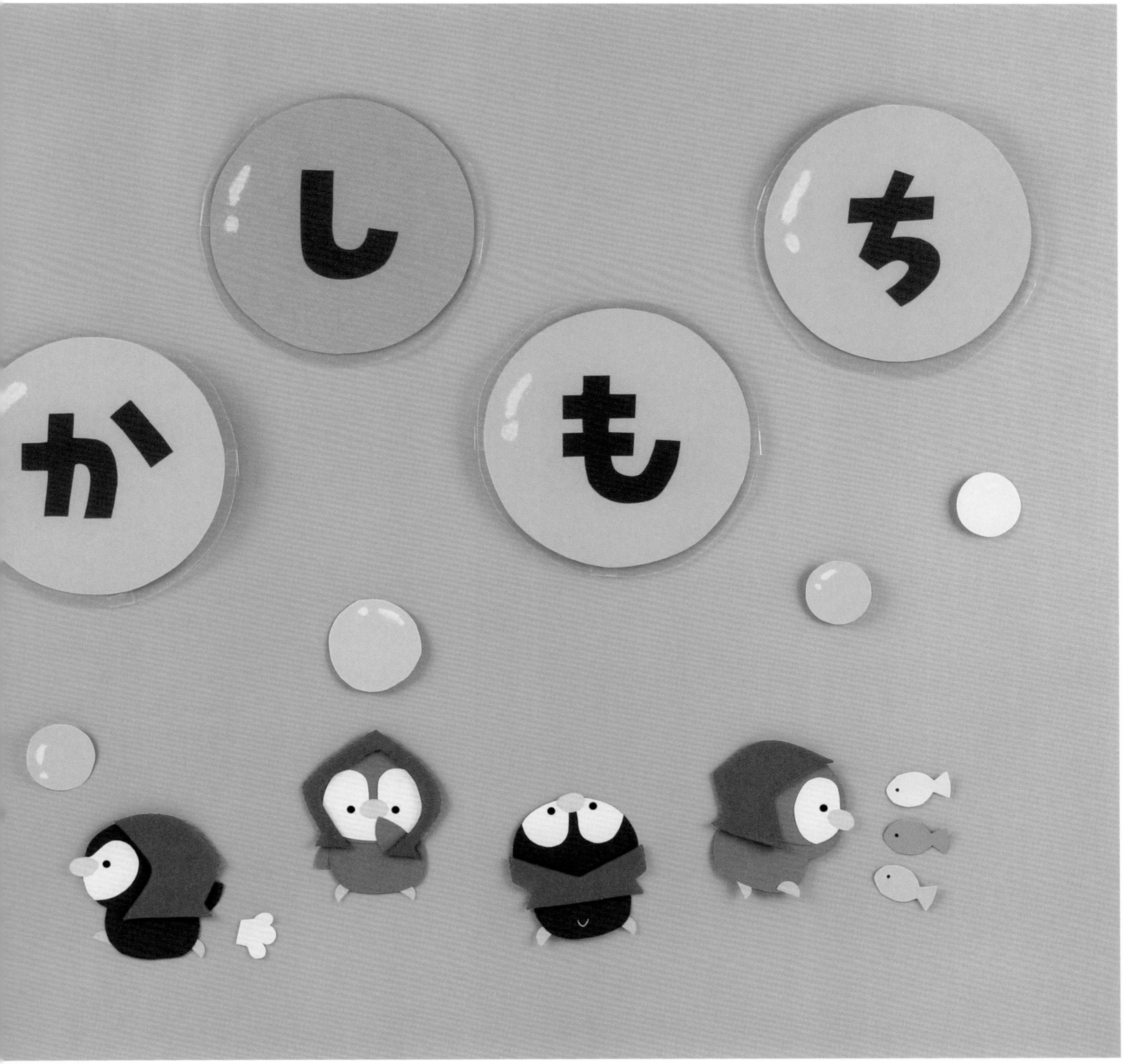

通年

身長伸びたかな？

すくすく健康診断

身長測定ができる実用的な壁面飾りです。
みんなで数値を読み上げれば数字への関心も深まります。

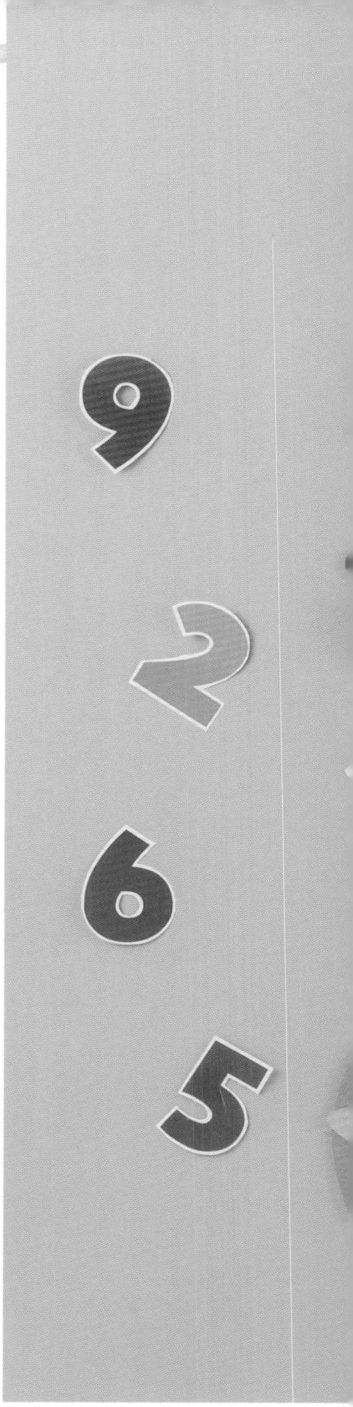

材料

画用紙／紙ストロー／ひも／毛糸／モール／クレヨン／ペン

型紙 p.115

しかけPoint

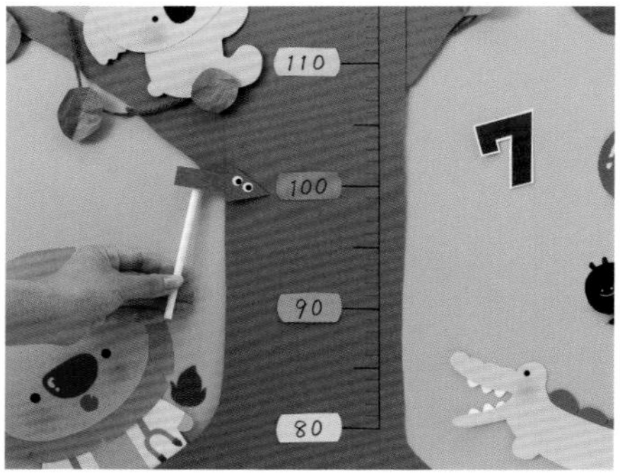

身長測定できる木

壁面を飾る高さを調整すれば、身長測定ができます。子どもの身長に合わせて、矢印をあてましょう。

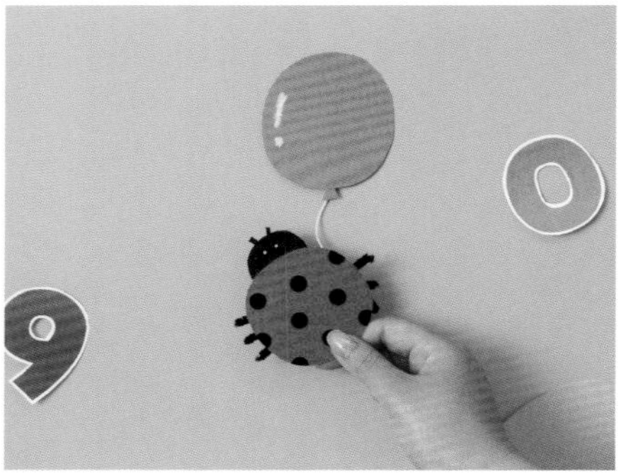

ふうせん

ふうせんで飛ぶ虫たちが飾りのアクセントに。ひもでぶら下がるてんとうむしとありは触って揺らすことができます。

毛糸のつる

毛糸のつるを枝に絡めることで、まるで本物のように！　子どもたちが画用紙をくしゃくしゃにして葉っぱを作りましょう。

作り方［身長測定できる木］

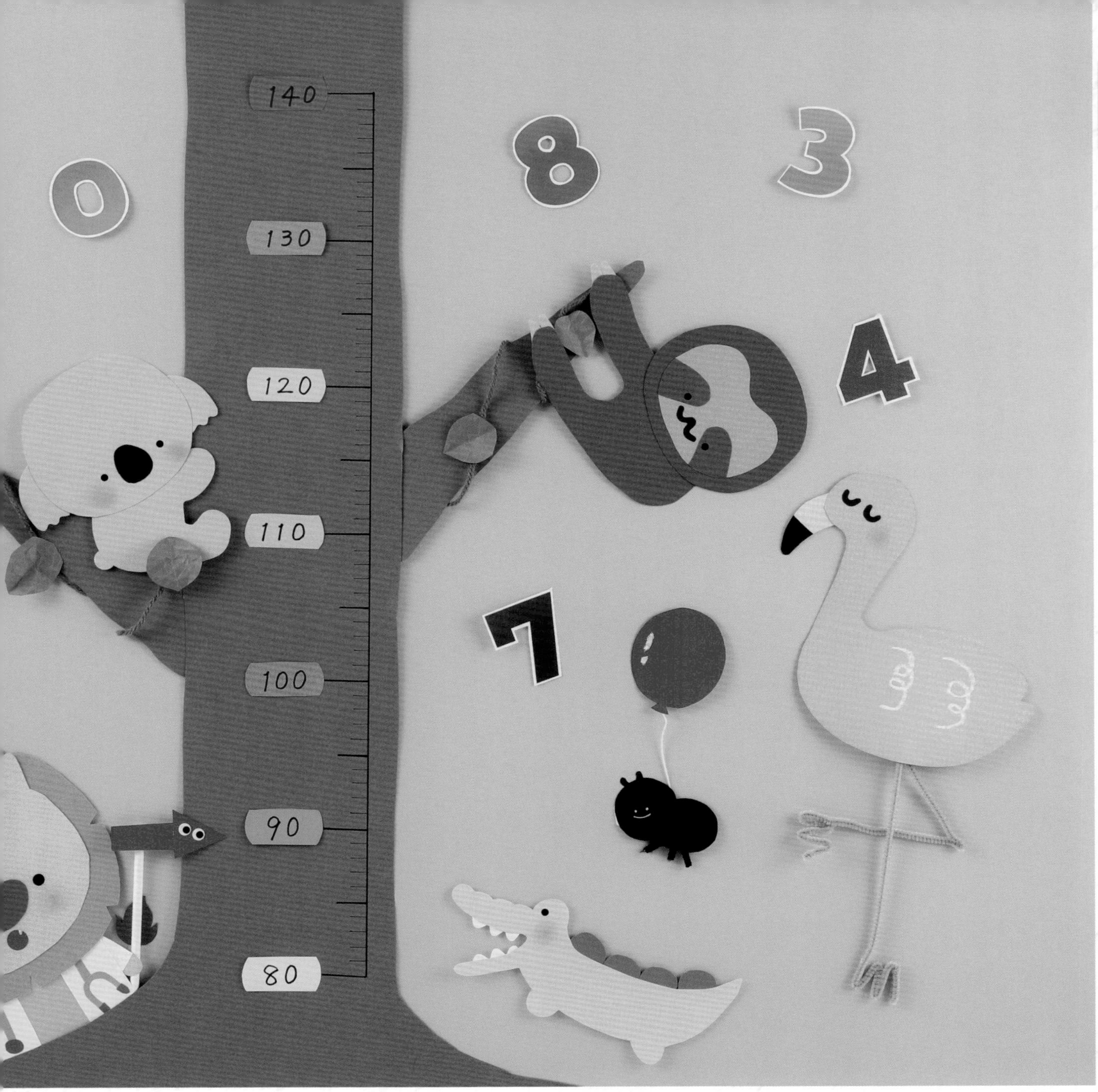

ふうせん]

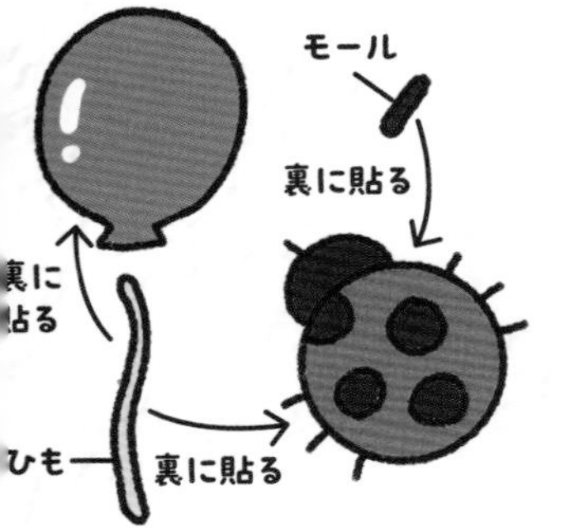

[フラミンゴ]

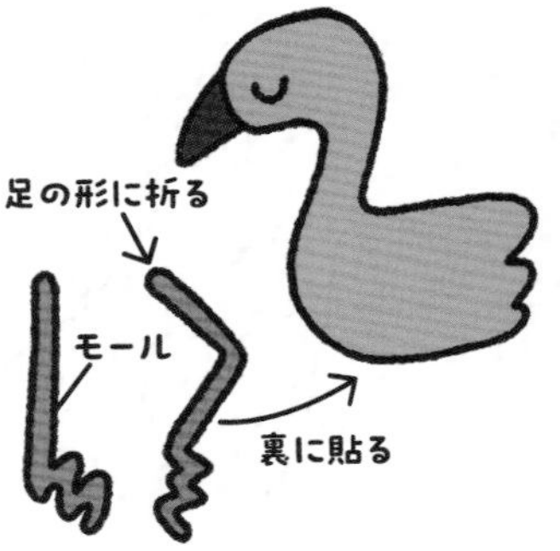

[毛糸のつる]

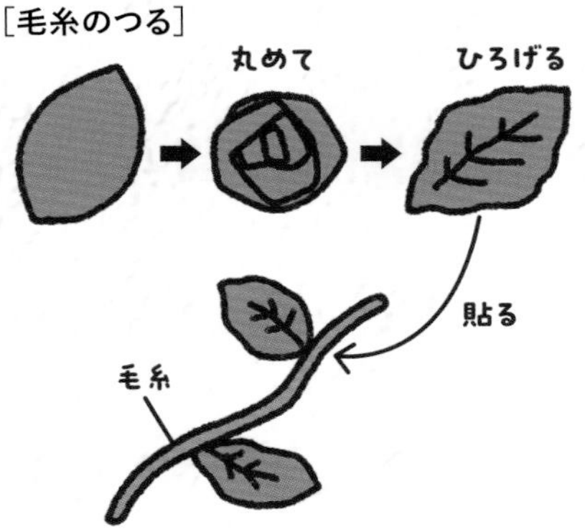

通年

ベジパンズの

お野菜かくれんぼ

土に埋まったベジパンズを収穫したり、
なんの野菜か当てるクイズを出して、食について学んだりできます。
みみずやだんごむしが隠れていることも…？

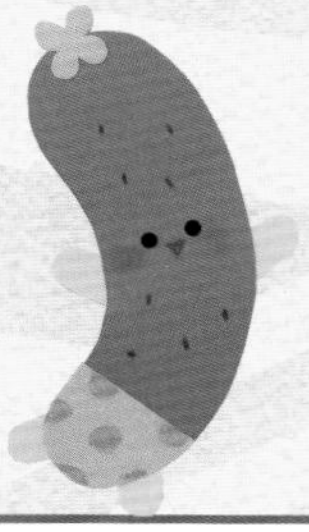

材料

画用紙／モール／クレヨン／ペン

型紙 p.117

しかけPoint

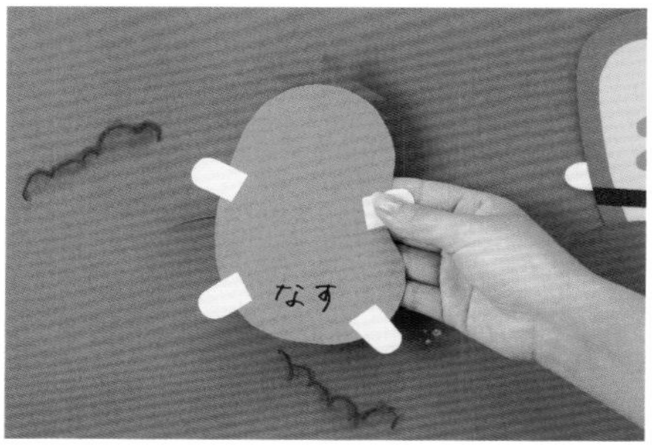

野菜の名前当てゲーム

収穫したベジパンズがなんの野菜か、クイズを出してみましょう。裏に答えが書かれています。

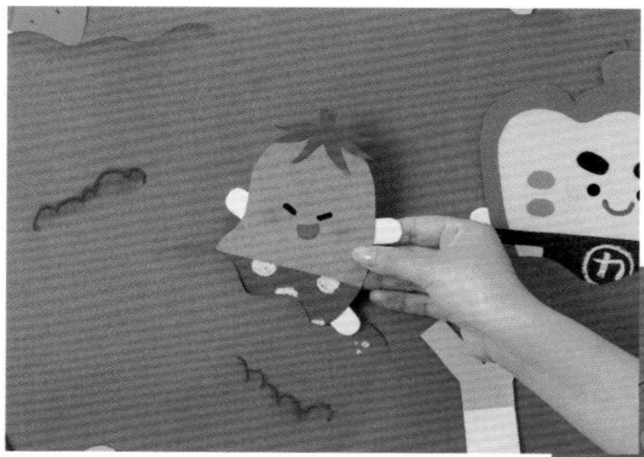

野菜を収穫

土に埋まったベジパンズを掘り起こして収穫できます。収穫したらカゴにしまいましょう。

作り方 ［野菜の名前当てゲーム］

［かごのポケット］

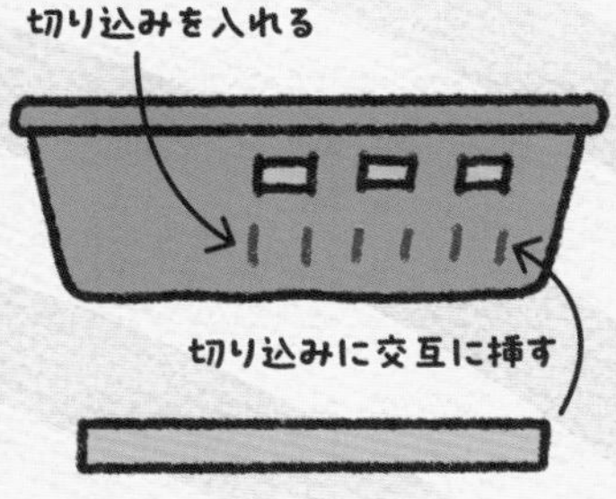

通年

お弁当つめつめ

いただきますとごちそうさま

大きなお弁当箱が主役の壁面飾りです。自由におかずを貼り付けたり、みんなで一緒に食事のあいさつをしたりと食育に役立ちます。

材料

画用紙／フェルト／モール／面ファスナー／クレヨン／ペン

型紙 p.120

しかけPoint

もこもこのごはん

お弁当のごはんはフェルトでできています。もこもこのごはんはあたたかみがあって、見た目もおいしそうな仕上がりに。

アレンジできるおかず

おかずの裏は面ファスナーを付けているので、自由に貼り付けてお弁当を作りましょう。

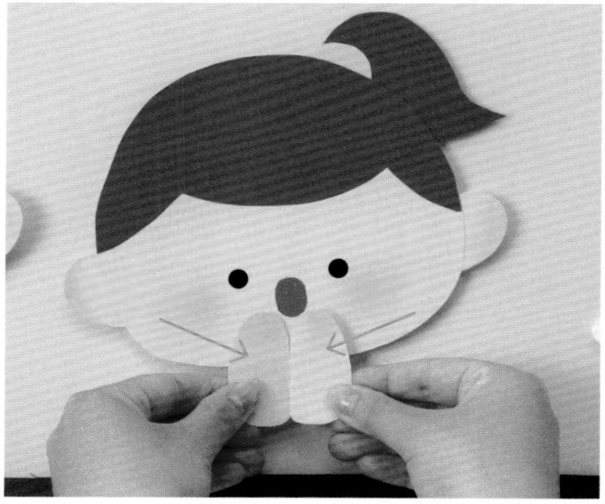

食事のごあいさつ

「いただきます」「ごちそうさま」のあいさつに合わせて、モールで付けた子どもたちの手を動かしてみましょう。

みんなで歌おう

「いただきますとごちそうさま」

歌に合わせて壁面飾りで遊びましょう。二次元コードを読み込むとすぐに楽曲が聞けます。

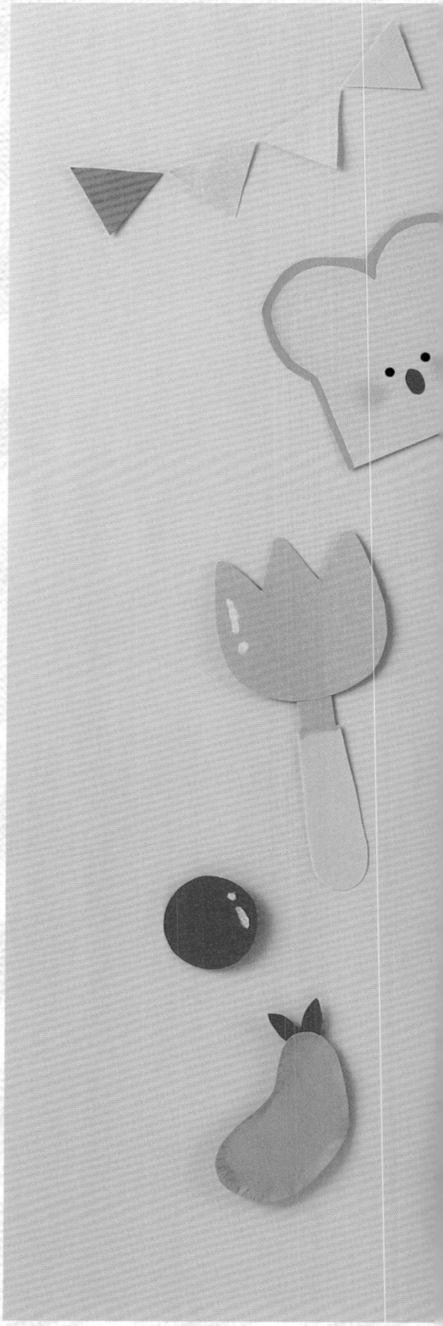

作り方

［ごはん］

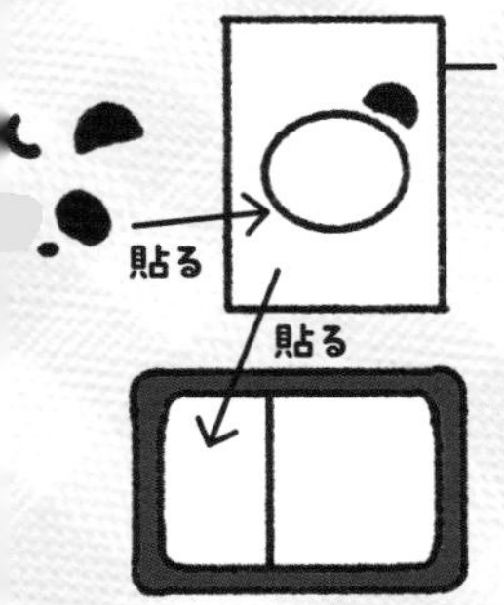

［おかず］

［食事のごあいさつ］

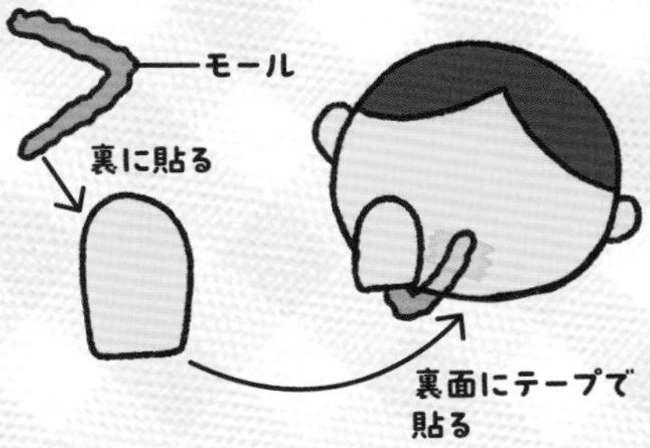

通年

ブラシできゅっきゅっぴかぴか

歯みがきでむし歯予防

**子どもの歯にむし歯を描いて歯ブラシで磨くことができます。
バイキンを倒したら涙を取ってピカピカマークを貼ってあげましょう。楽しく歯磨きを学べます。**

材料

画用紙／ホワイトボードシート／ホワイトボード用マーカー／スポンジ／ダンボール／紙コップ／モール／紙ねんど／木製スティック／クレヨン／ペン

型紙 p.123

しかけPoint

歯磨きセット

大きなスポンジのブラシで子どもの歯を磨きましょう。使い終わったら、コップに立てかけておきます。

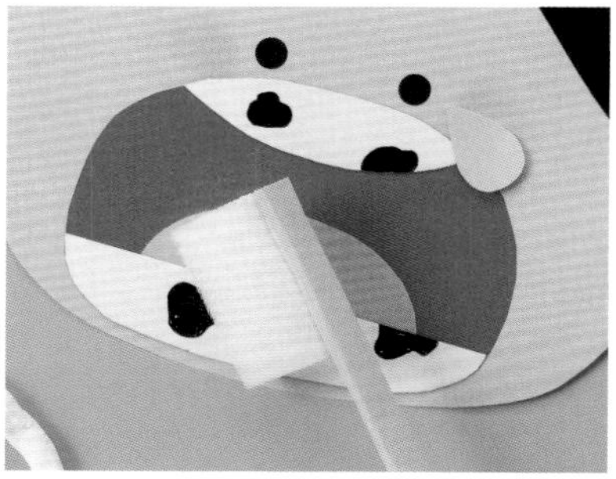

ゴシゴシ歯磨き

ホワイトボードシートで作った前歯にマーカーで汚れを描けばむし歯に！歯ブラシのスポンジ部分でこすって、歯磨きの練習をしましょう。

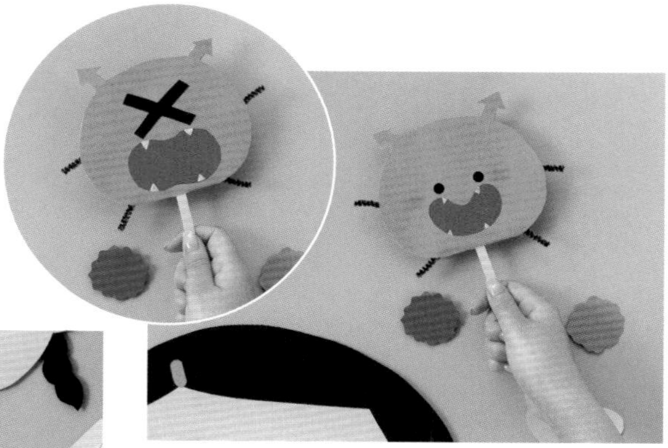

バイキン

歯を磨いてきれいにしたら、元気なバイキンを裏返しにしてやっつけましょう。バイキンを倒して、子どもたちは大盛り上がりです。

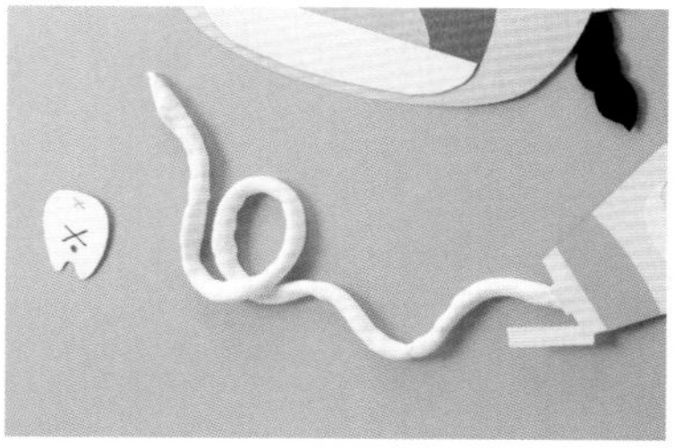

立体の歯磨き粉

チューブからニュル～と出ているのは紙ねんどでできた歯磨き粉。さわって遊べます。

り方

［立体の歯磨き粉］

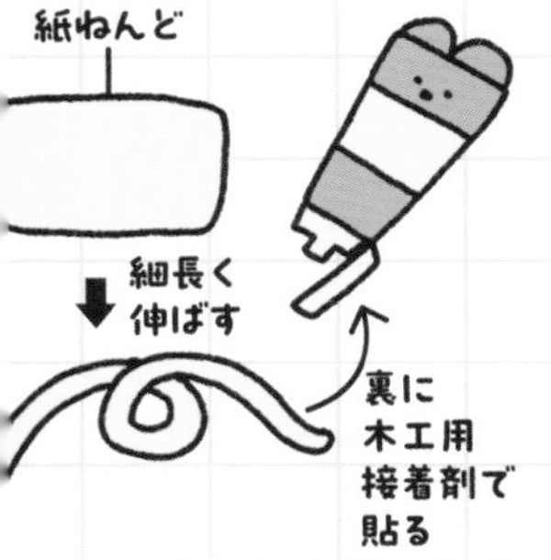

［子どもと歯ブラシ］

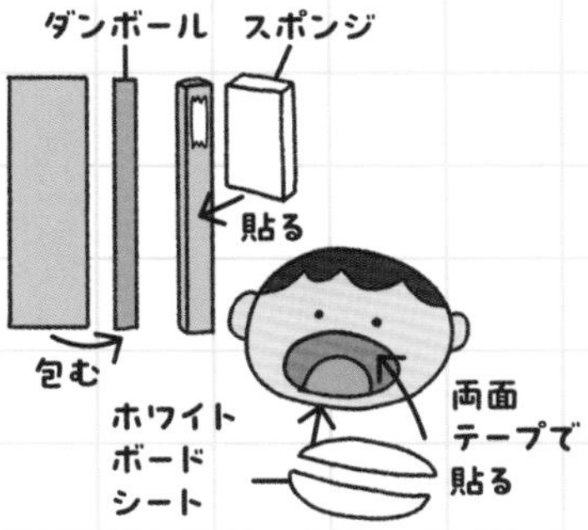

［コップ］

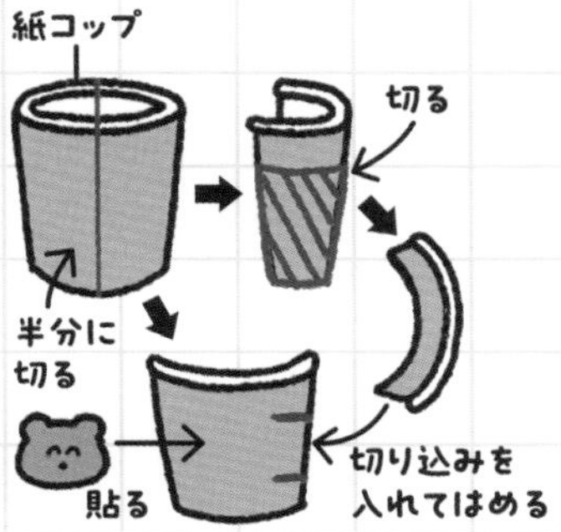

［バイキン］

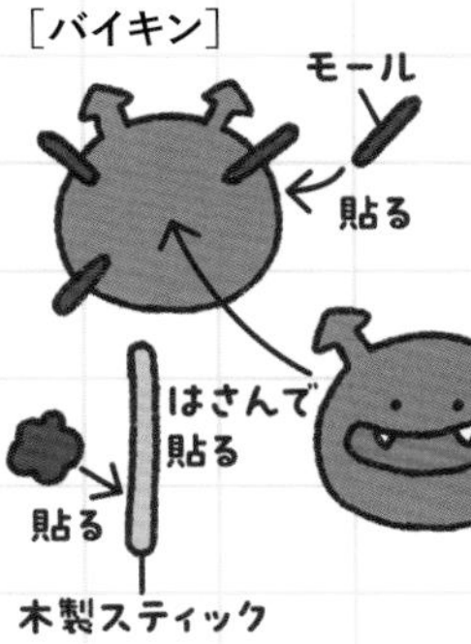

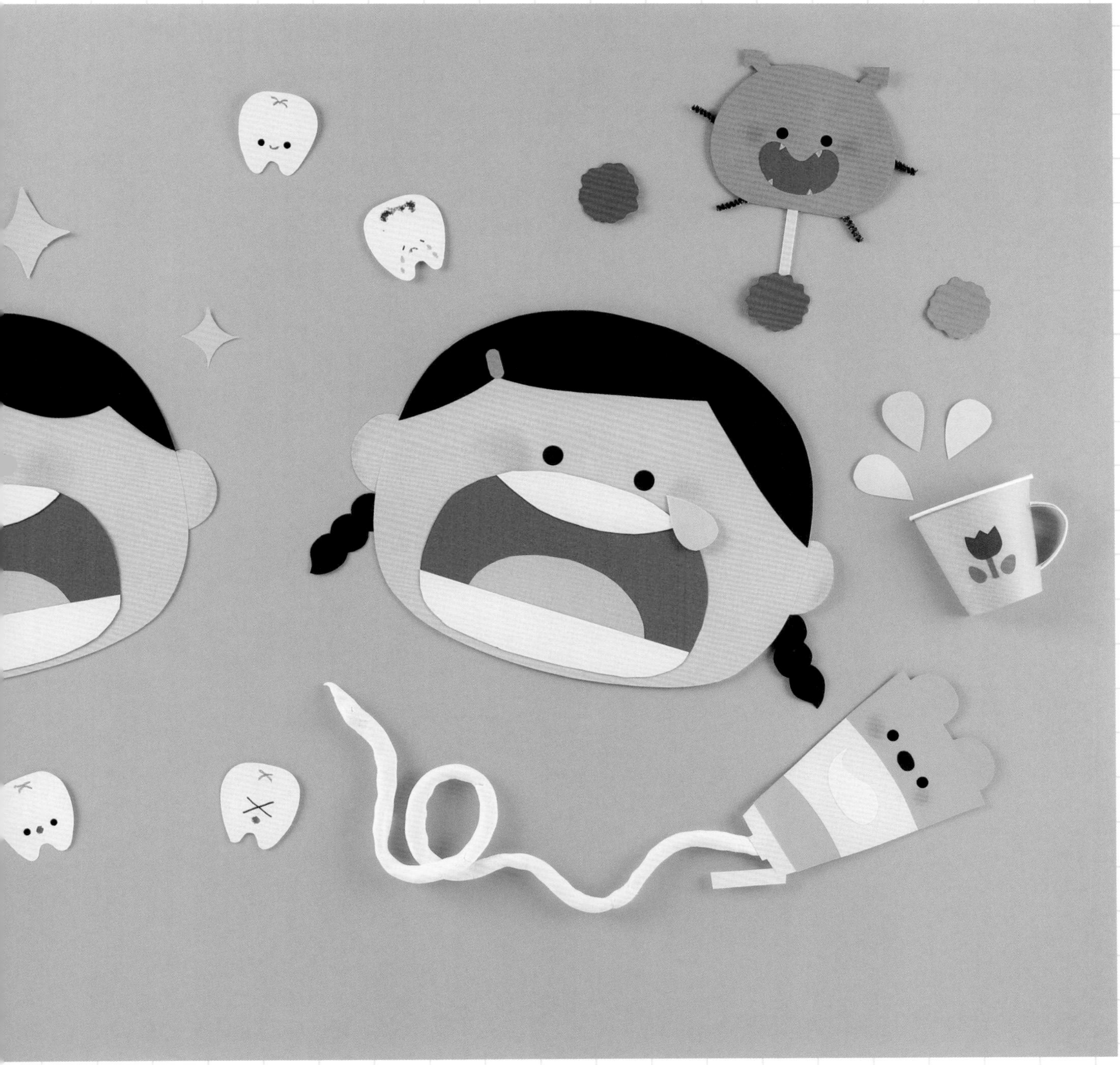

通年

ふわふわ雲で

ひつじさんとすやすやお昼寝

ふわふわのキルト芯でできた雲のお布団で寝ている赤ちゃんたち。
絵本を読んだりひつじを数えたりしたらだんだんと眠くなる……

材料

画用紙／リボン／モール／キルト芯／クレヨン／ペン

型紙 p.125

しかけPoint

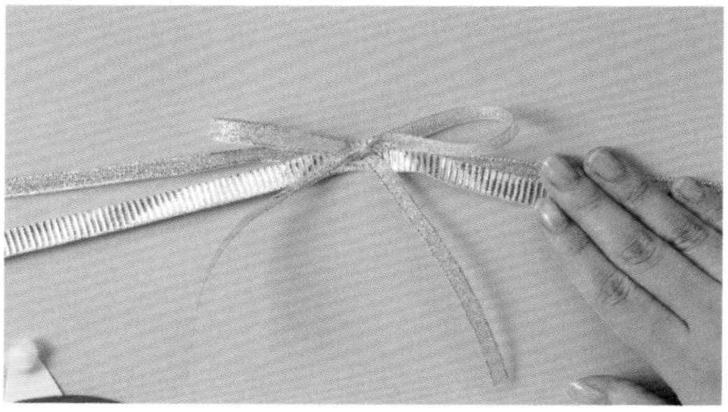

天蓋《てんがい》風リボン飾り

リボンで飾ることで天蓋付きのベッドのような出来栄えに。ファンタジックな飾りになります。

ふわふわお布団

2枚のキルト芯を貼り合わせて作ったお布団。ポケット状になっているので、寝間着姿の赤ちゃんたちをしまってあげましょう。

作り方 ［モールのお星さま］

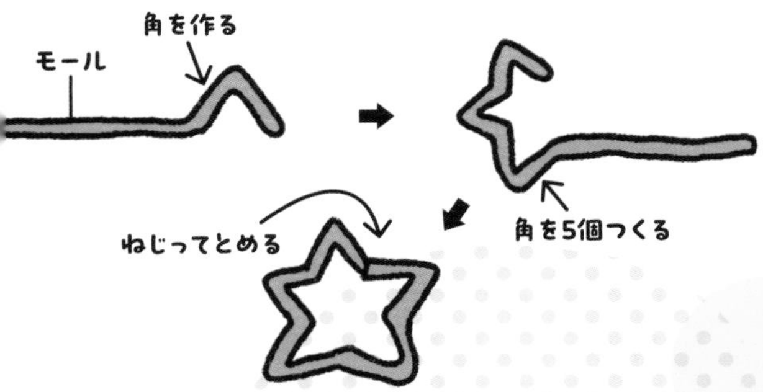

［ふわふわお布団］

\キャラクター紹介/
ベジパンズ

ベジパンズ公式
サイトも見てね

パンツをはいた野菜たち！ ベジパンズとは？

ぷりっとしたおしりがトレードマークの「ベジパンズ」は、リベットボタンのオリジナルキャラクター！　ほかほかの土から出てきた野菜を見て「寒そうだな…」と思ったことから、パンツをはいた野菜たちが誕生しました。食育応援キャラクターとして、工作や音楽、知育グッズ、お弁当関連商品になって、子どもと食のつながりをつくるさまざまなシーンで活躍しています。

ベジダンス

ベジパンズのテーマソング「ベジダンス」は、リズムに合わせておしりをぷりぷりするキュートなダンスとともに、たくさんの保育園・幼稚園で楽しまれています。だんだんスピードアップするしかけもあり、子どもたちにも大人気です！

作詞・作曲　リベットボタン

YouTubeでは
アニメーションも公開中

型紙の使い方

型紙の印刷に必要な拡大率の計算方法を説明します。

1 作品を飾る場所を決めて、壁面を飾る場所の長さ（Ⓐ）を測ります。

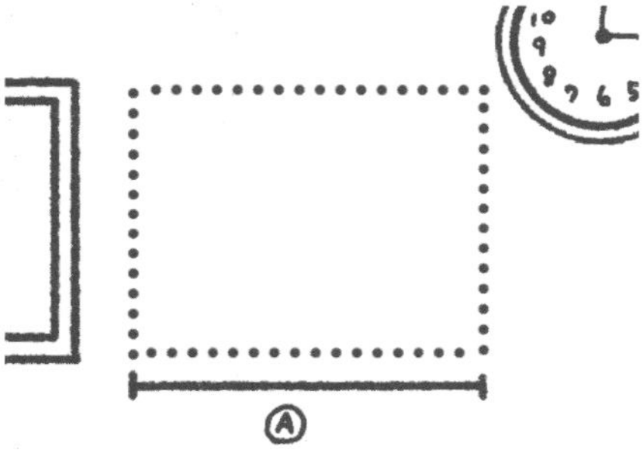

2 作りたい作品のページを開き、作品の写真の横の長さ（Ⓑ）と作品の写真のパーツの長さ（Ⓒ）を測ります。

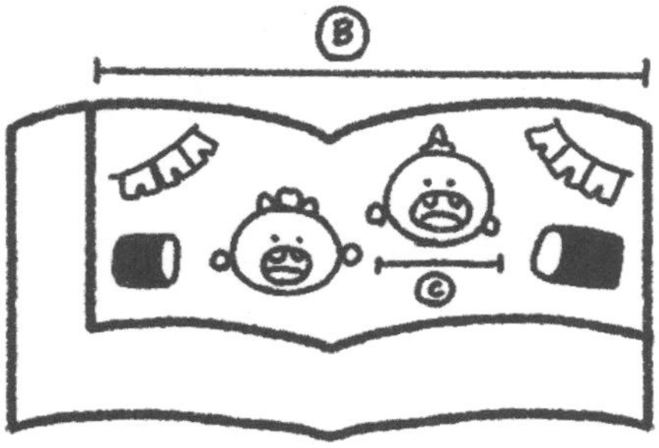

3 ②で測った作品の写真のパーツの型紙の長さ（Ⓓ）を測ります。

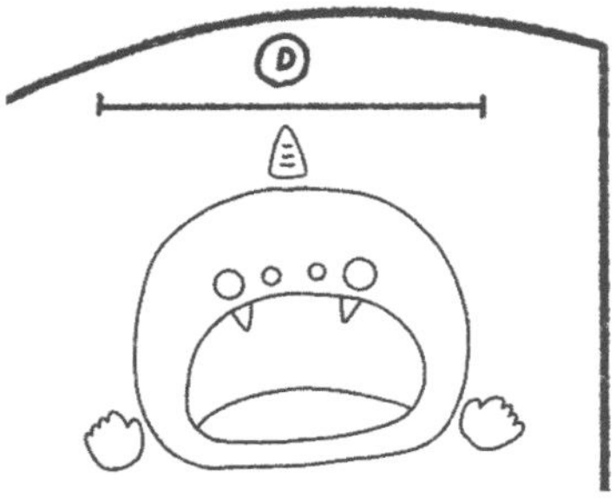

〈計算式〉

（Ⓐ壁面を飾る場所の長さ（cm） ÷ Ⓑ作品の写真の横の長さ（cm））×（Ⓒ作品の写真のパーツの長さ（cm） ÷ Ⓓ型紙の長さ（cm））

〈計算例〉

（160 ÷ 27）×（5.5 ÷ 11）＝（約）3　3倍、もしくは倍率300%で拡大コピー

型紙パーツの白でぬいてあるところは画用紙で作成。黒でぬりつぶしてあるところはペンで描く。

4月 イースターのお絵かきたまご P.14

かごから飛び出すたまご（りす・ひよこ・いぬ・うさぎ）

ゆらゆらたまご
（たまごの殻・ひよこ）

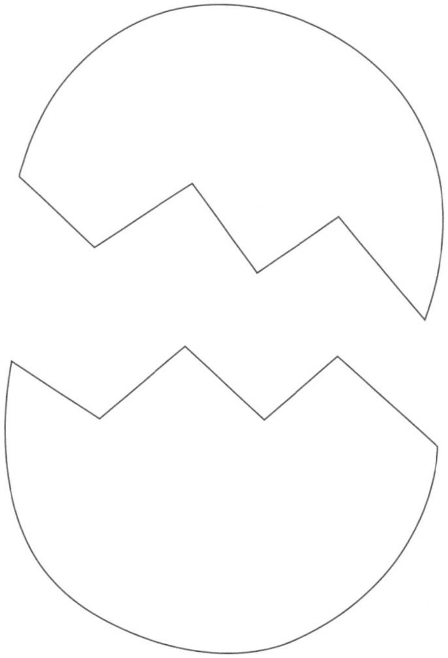

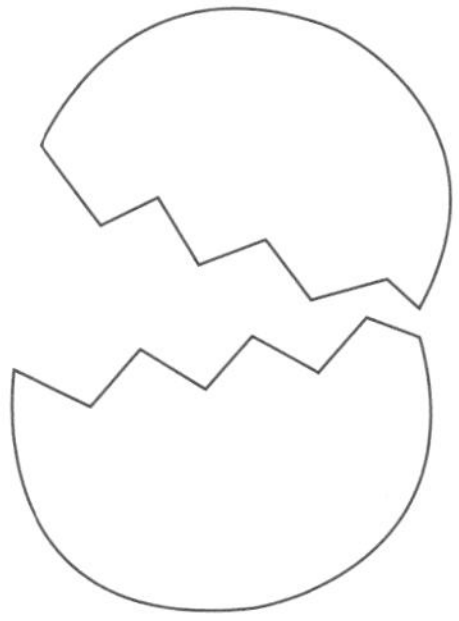

クローバー

にんじん（大・小）

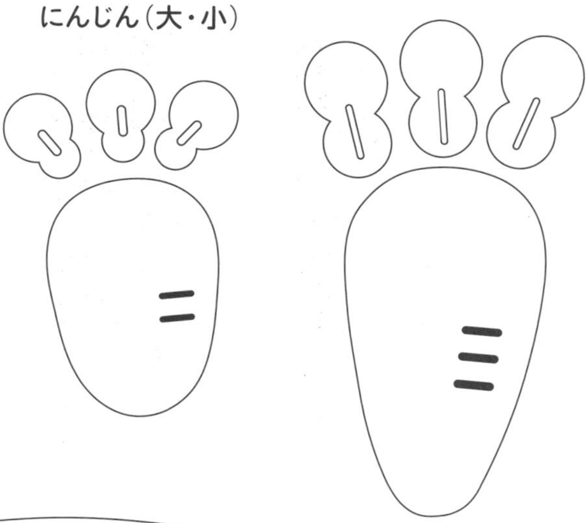

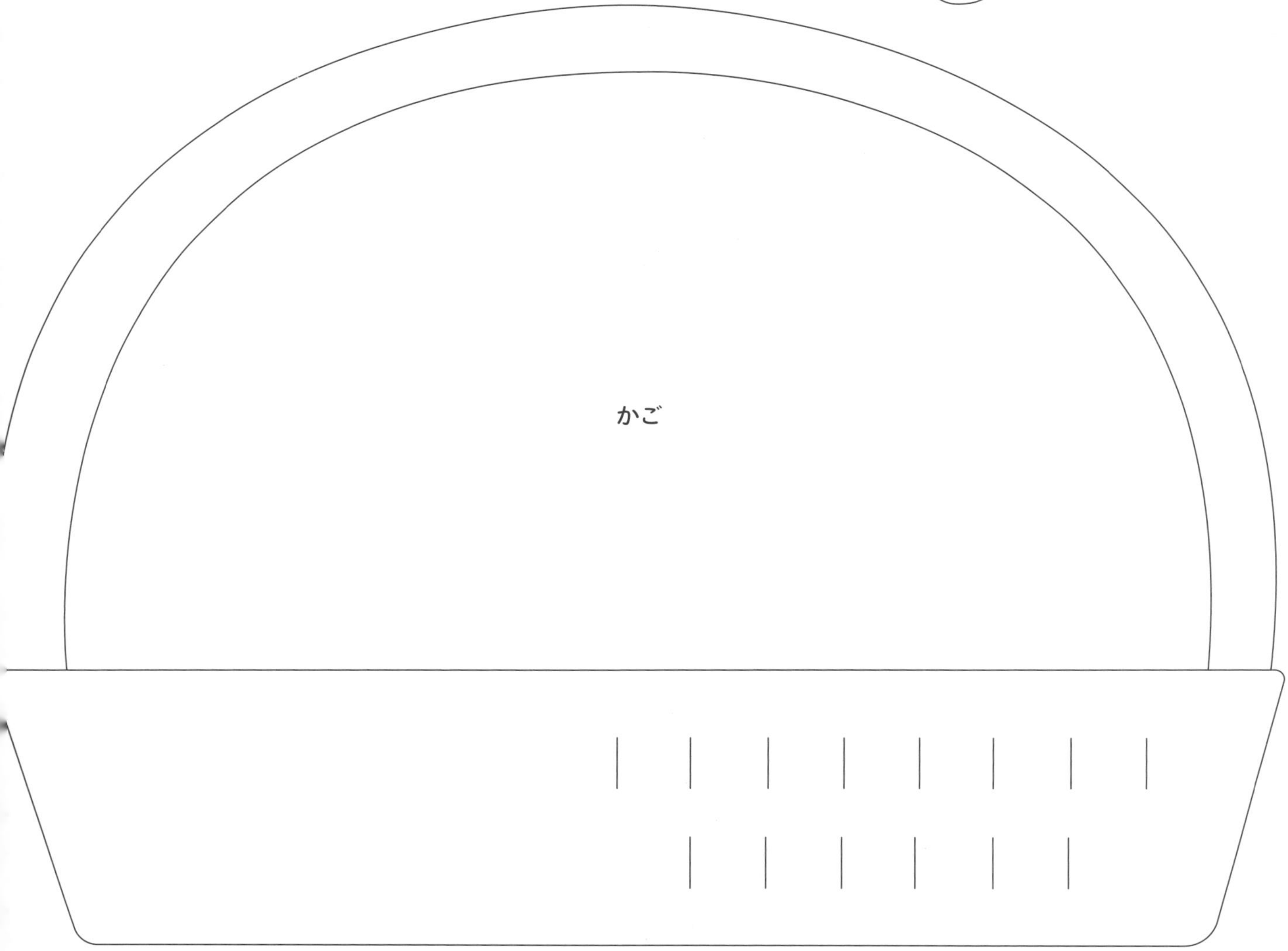

かご

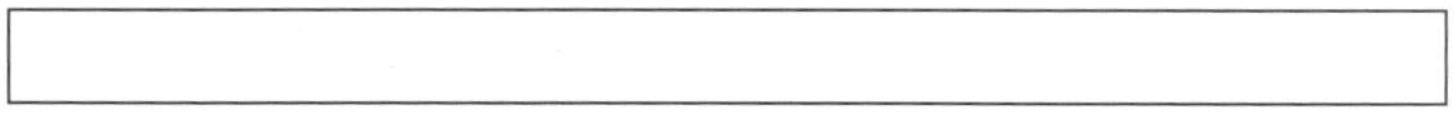

かごにあみ込むパーツ

5月 みんなでお祝いこどもの日 P.16

金太郎

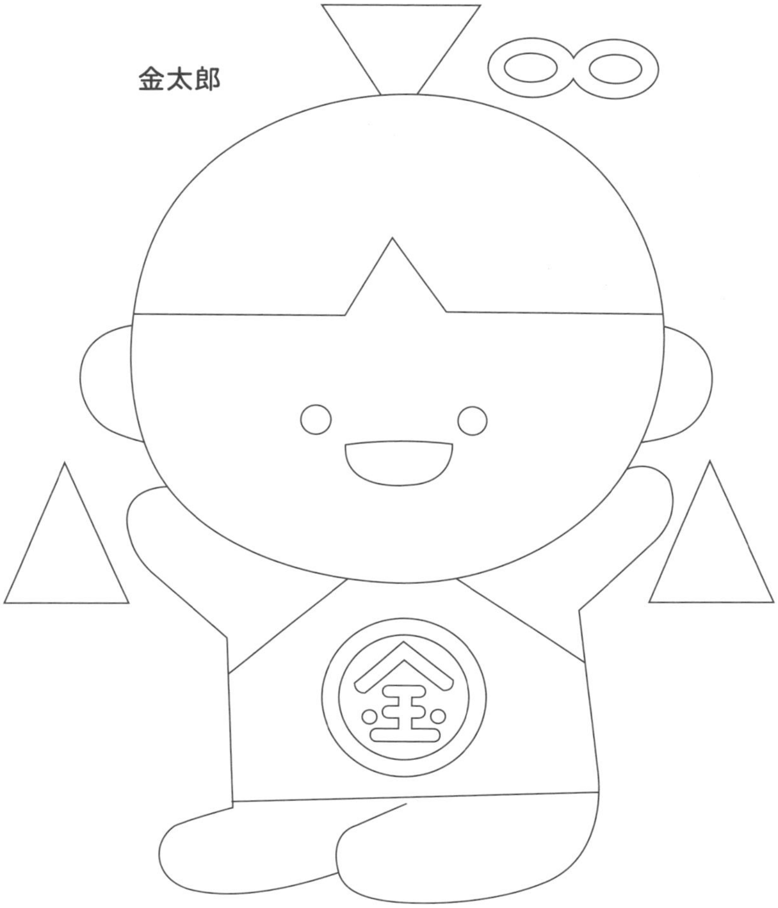

こいのぼり

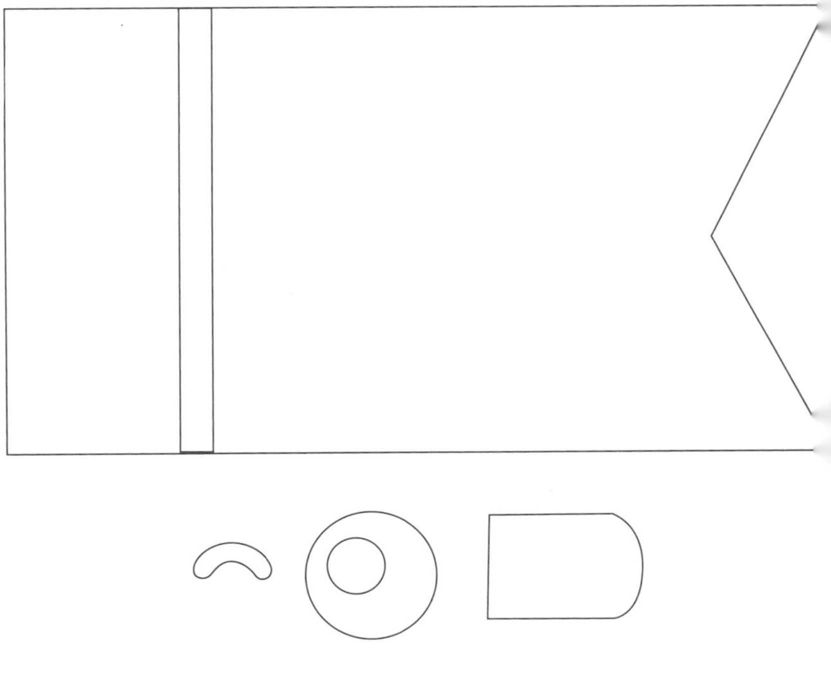

くま

かしわもち（しろくま）

かしわもち（うさぎ）

6月 かえるの雨あそび P.18

子ども(男の子・女の子)

雲

雲の顔パーツ

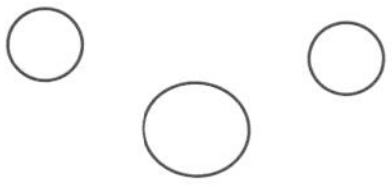

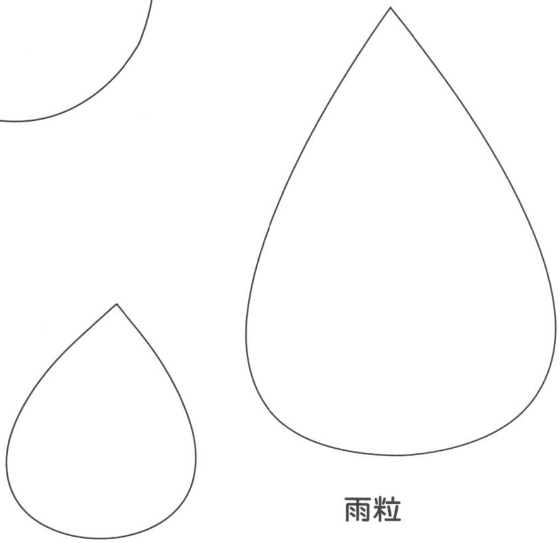

雨粒

かえる

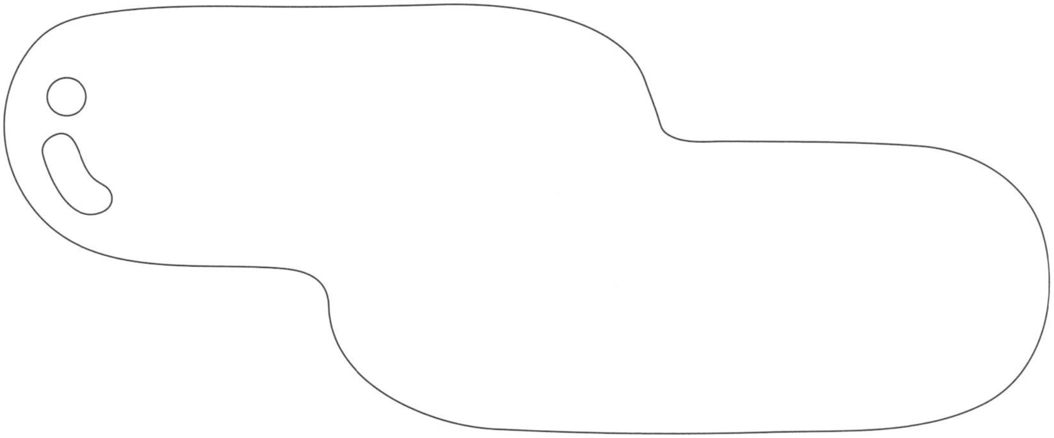

水たまり

7月 七夕のキラキラ天の川 P.20

背景の星

天の川の星

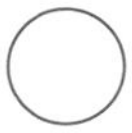

彦星

うし

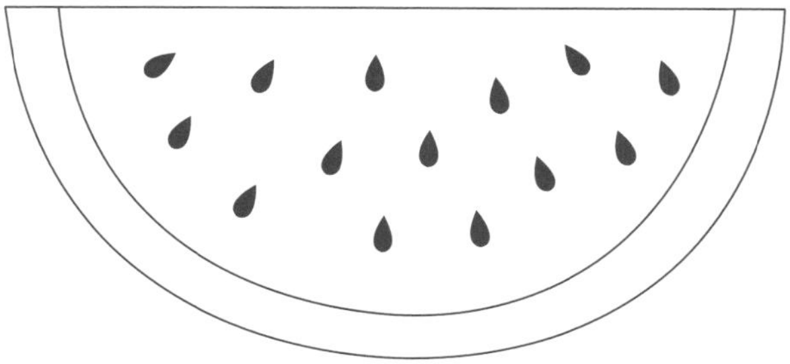

すいか

織姫

短冊

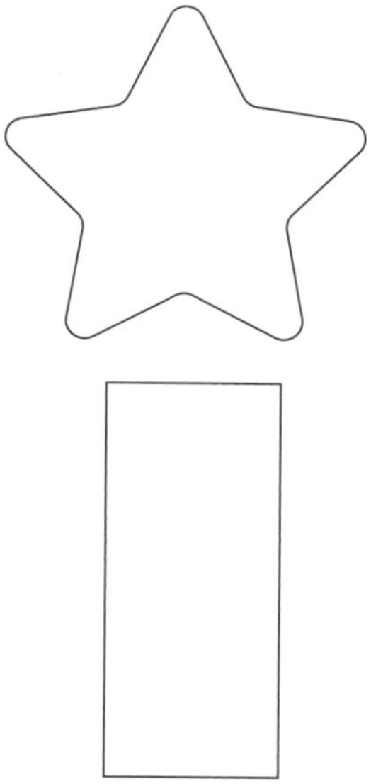

天の川

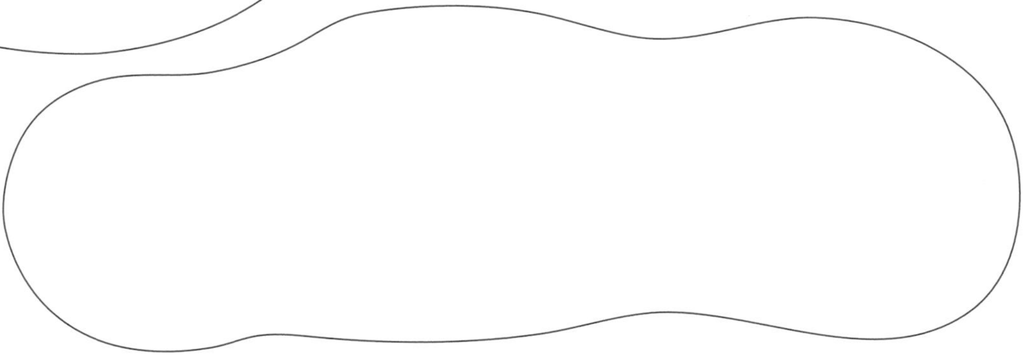

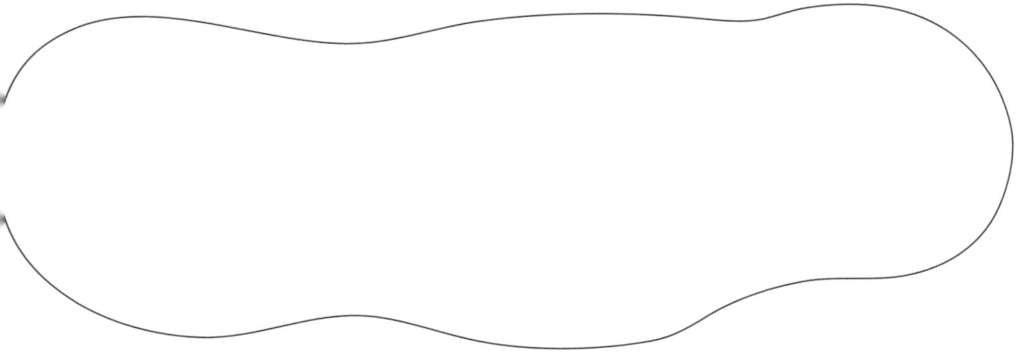

8月 海のなかまと大冒険 P.22

くじらのおなか

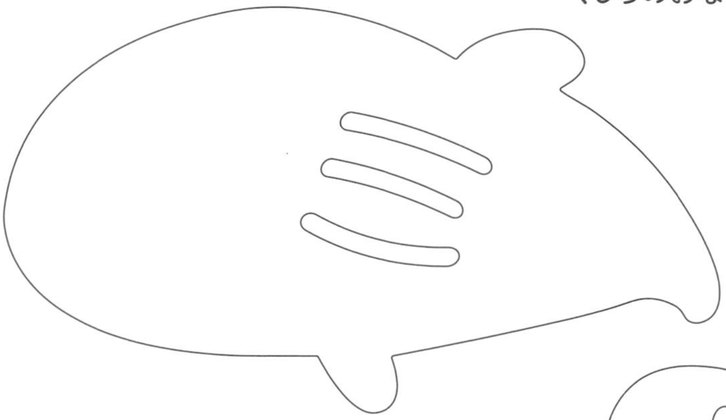

海のなかま（くじら・らっこ・あざらし・ふぐ・かわうそ）

ペンギン

しかけ用台紙

めんだこ

サカバンバスピス（大・小）

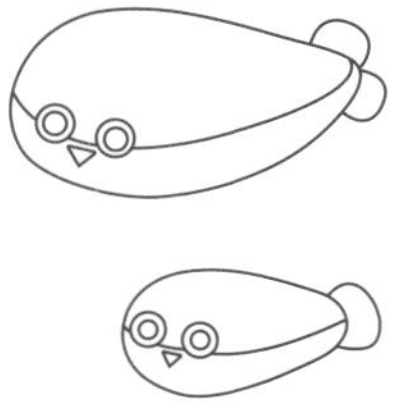

クリオネ

たこ

いか

魚

泡

サンゴ

かもめ

ヨット

海

雲

9月 うさぎさんとお月見 P.24

雲

月

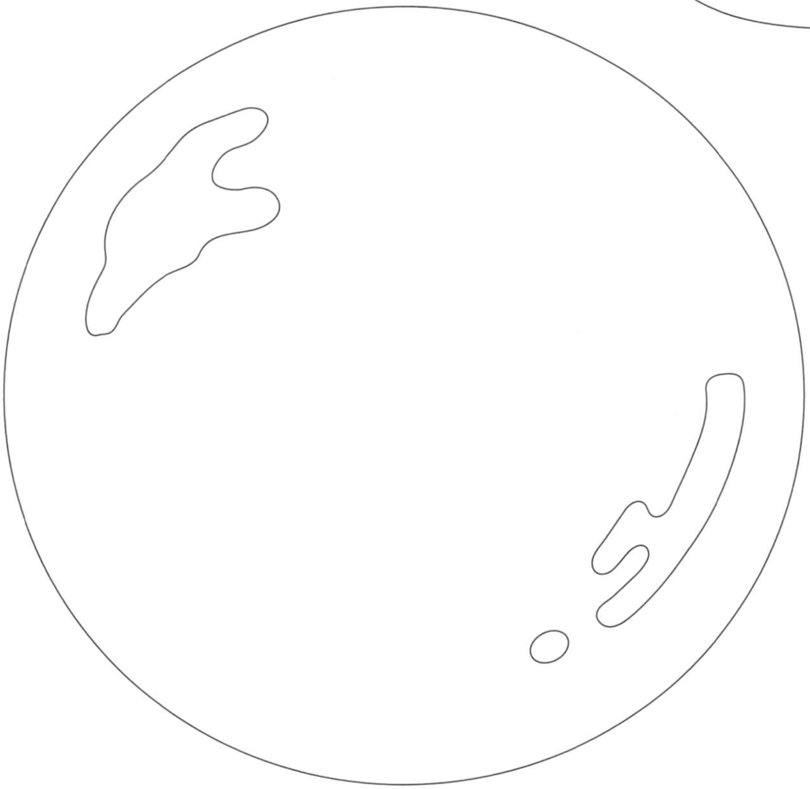

うす

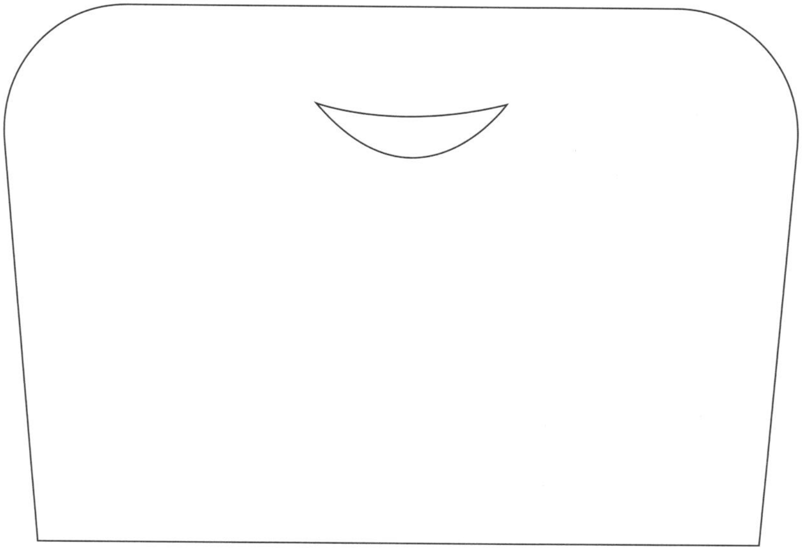

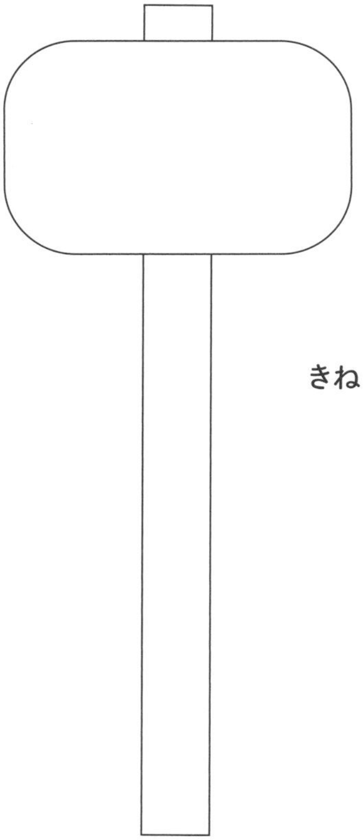

きね

うさぎ

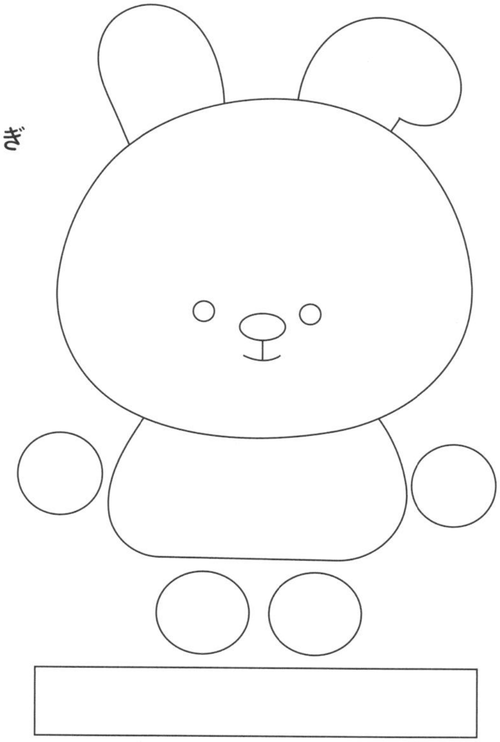

うさぎ

すすき

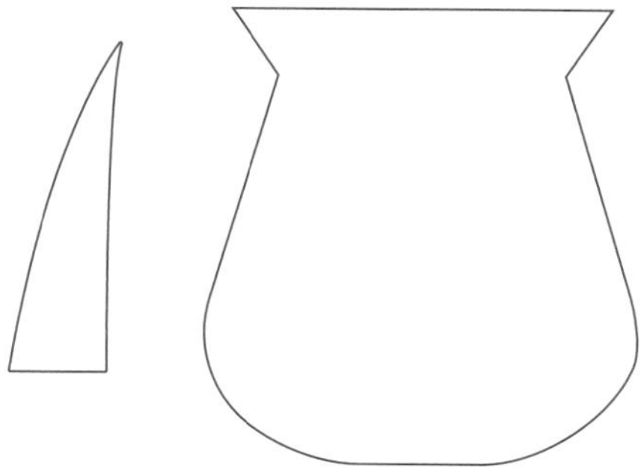

10月 秘密のハロウィンパーティー P.26

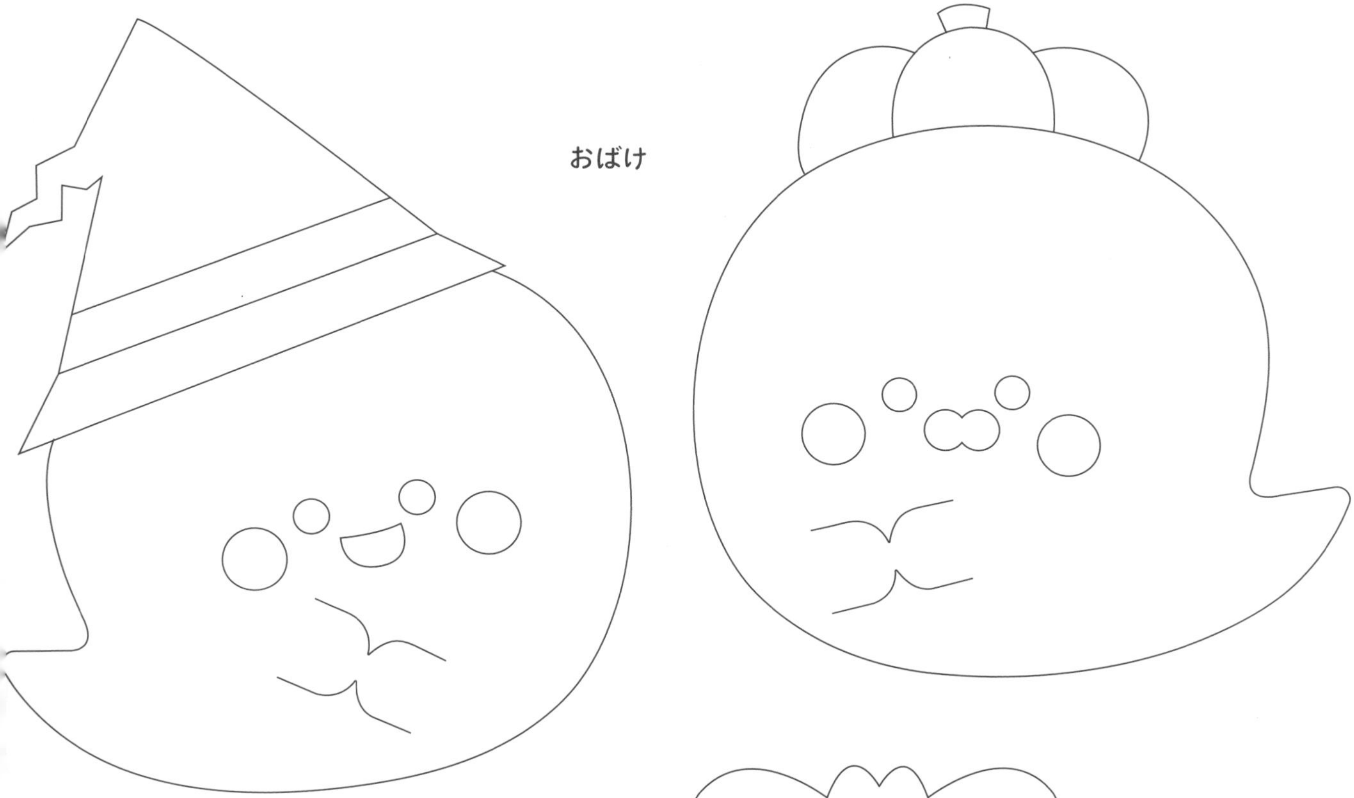

おばけ

こうもり

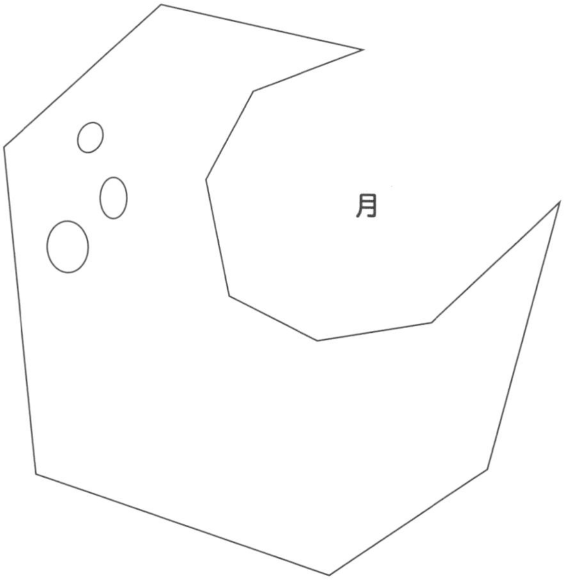

月

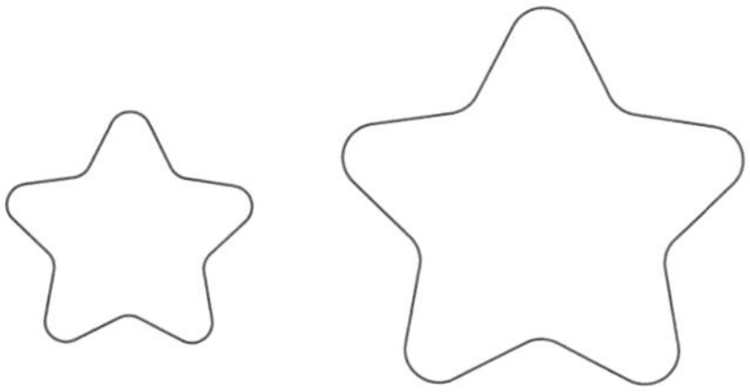

星

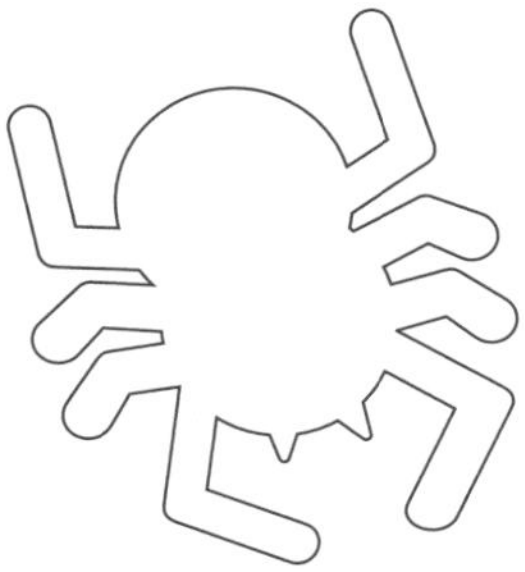

くも

ドラキュラ

くろねこ

魔法使い（くま）

フランケンシュタイン

かぼちゃ

11月 きつねの森の探検

P.28

葉っぱ

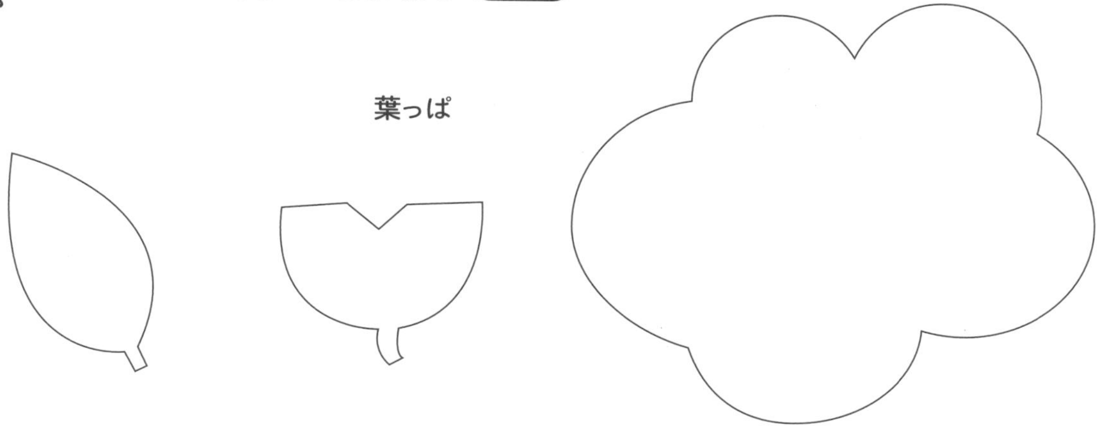

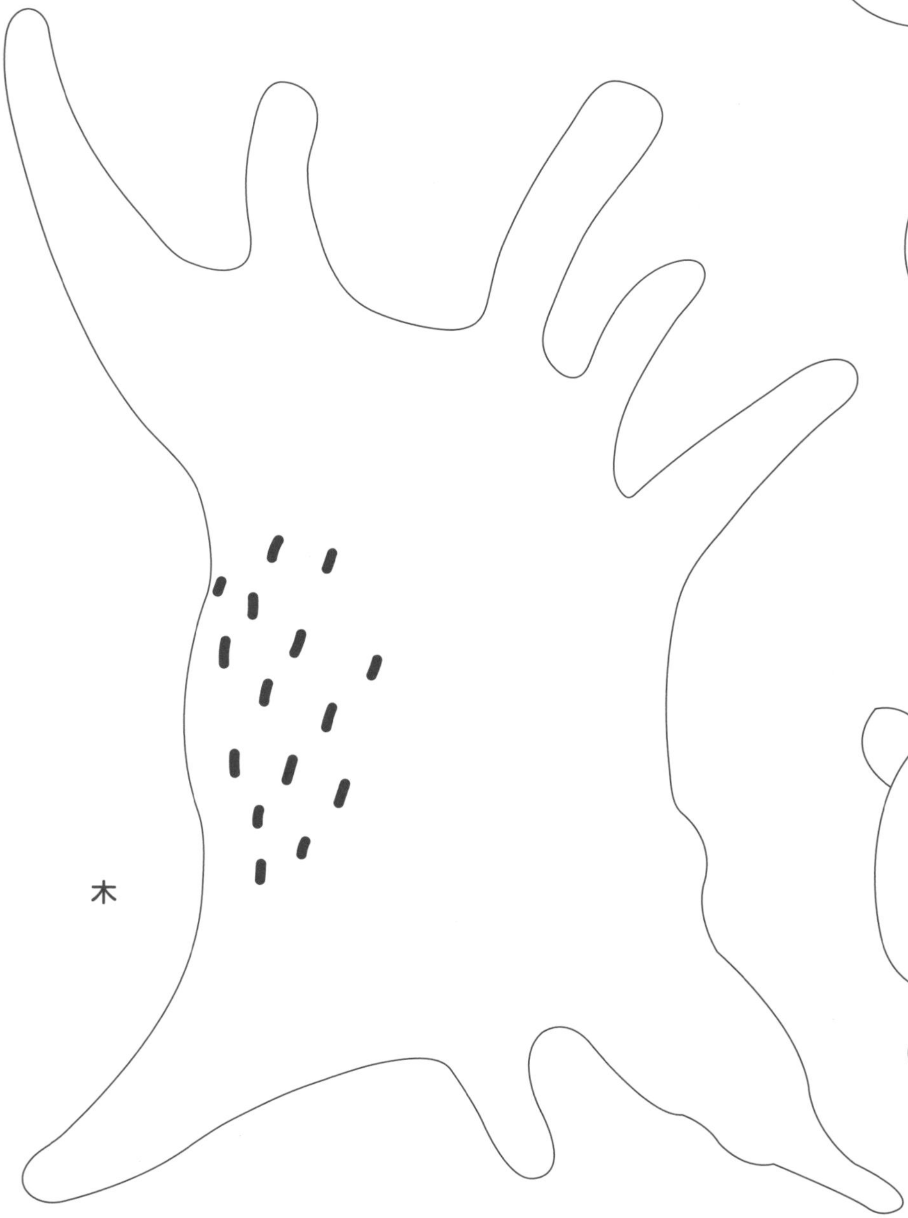

木

りす

葉っぱ

キノコ（大・小）

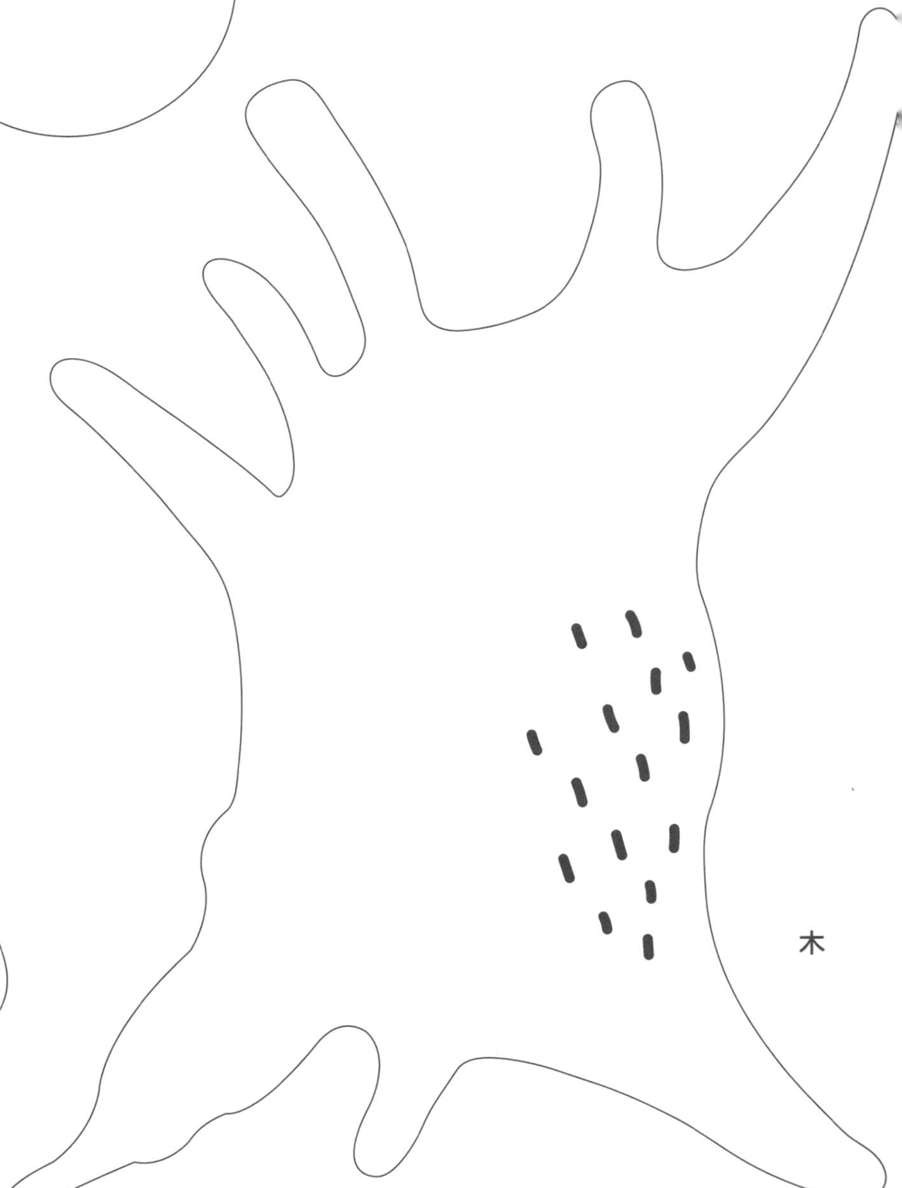

木

きつね（大）

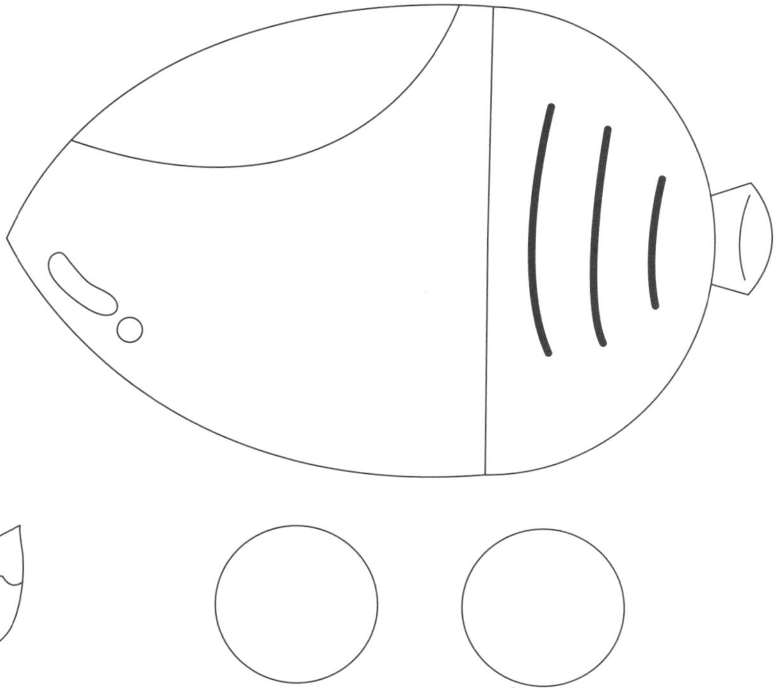

車（大）

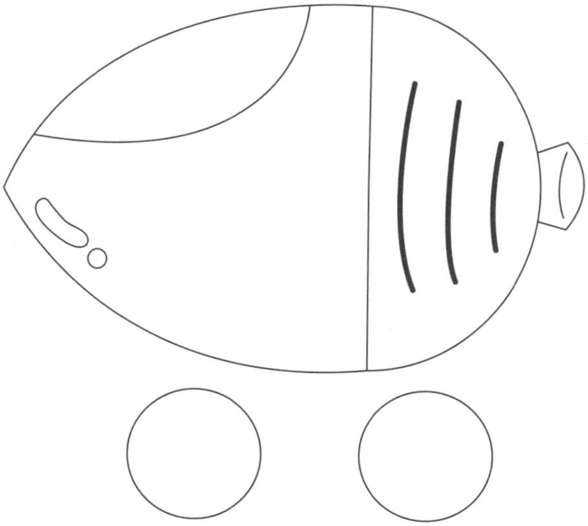

車（小）

きつね（小）

12月 わくわく雪のクリスマス P.30

透ける窓（ツリー・子ども・アルパカ）

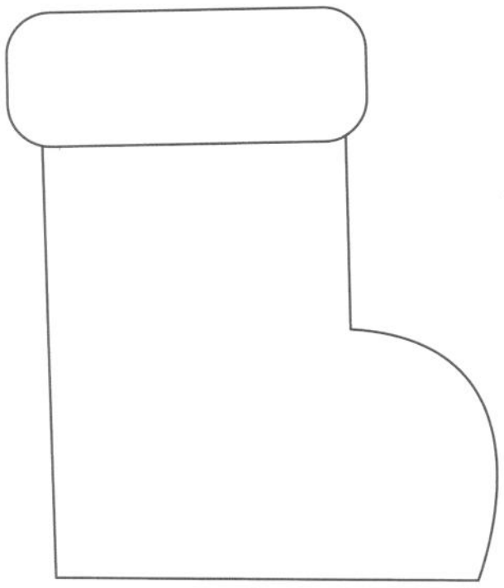

長ぐつ

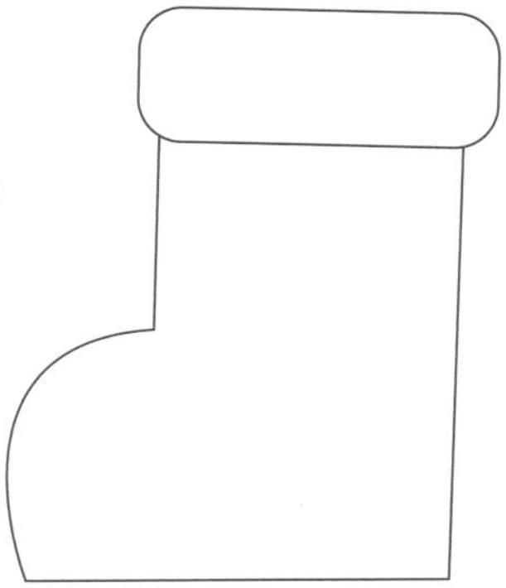

サンタさん

トナカイ

ジンジャーマンクッキー

開くプレゼント

透ける窓（窓枠）

1月 富士山の初日の出 P.32

太陽

松

富士山

いぬ

羽根つき

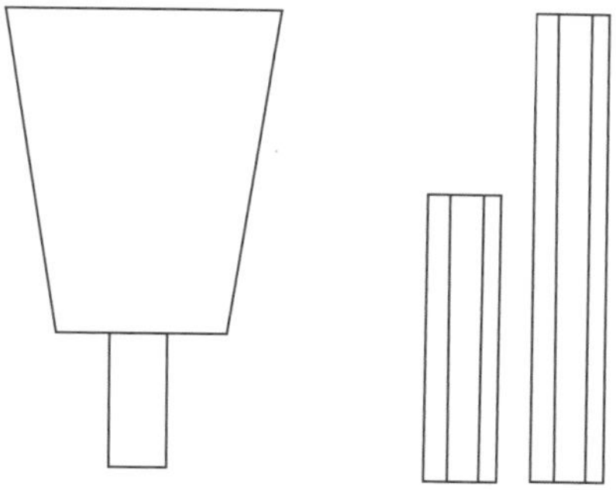

ぶた

凧（うさぎ・コアラ）

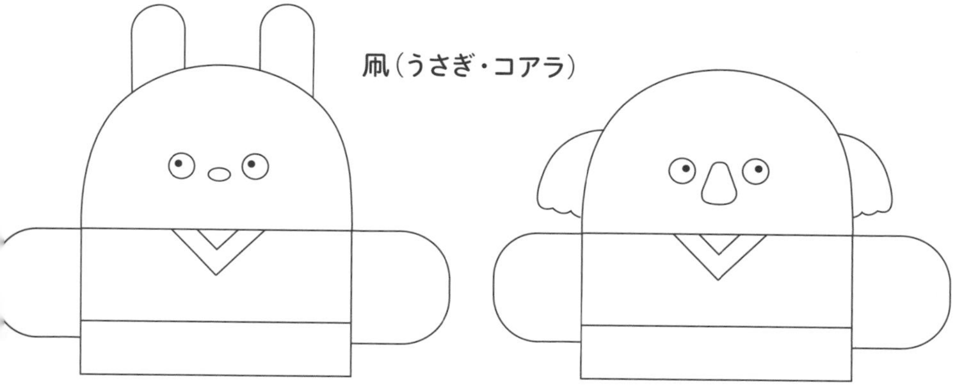

2月 節分鬼たいじ P.34

鬼①（ツノ2本）

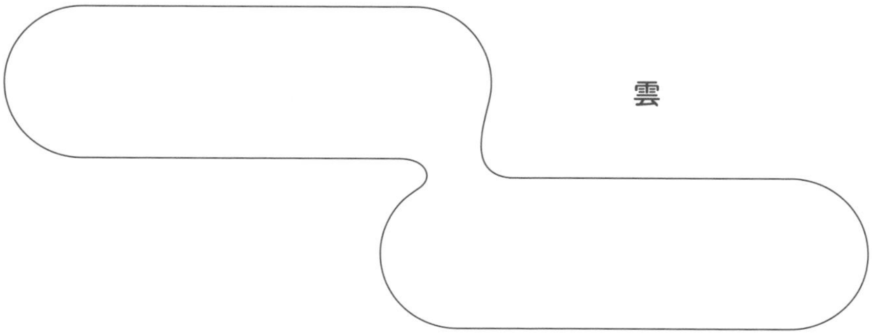

雲

豆

鬼②（ツノ1本）

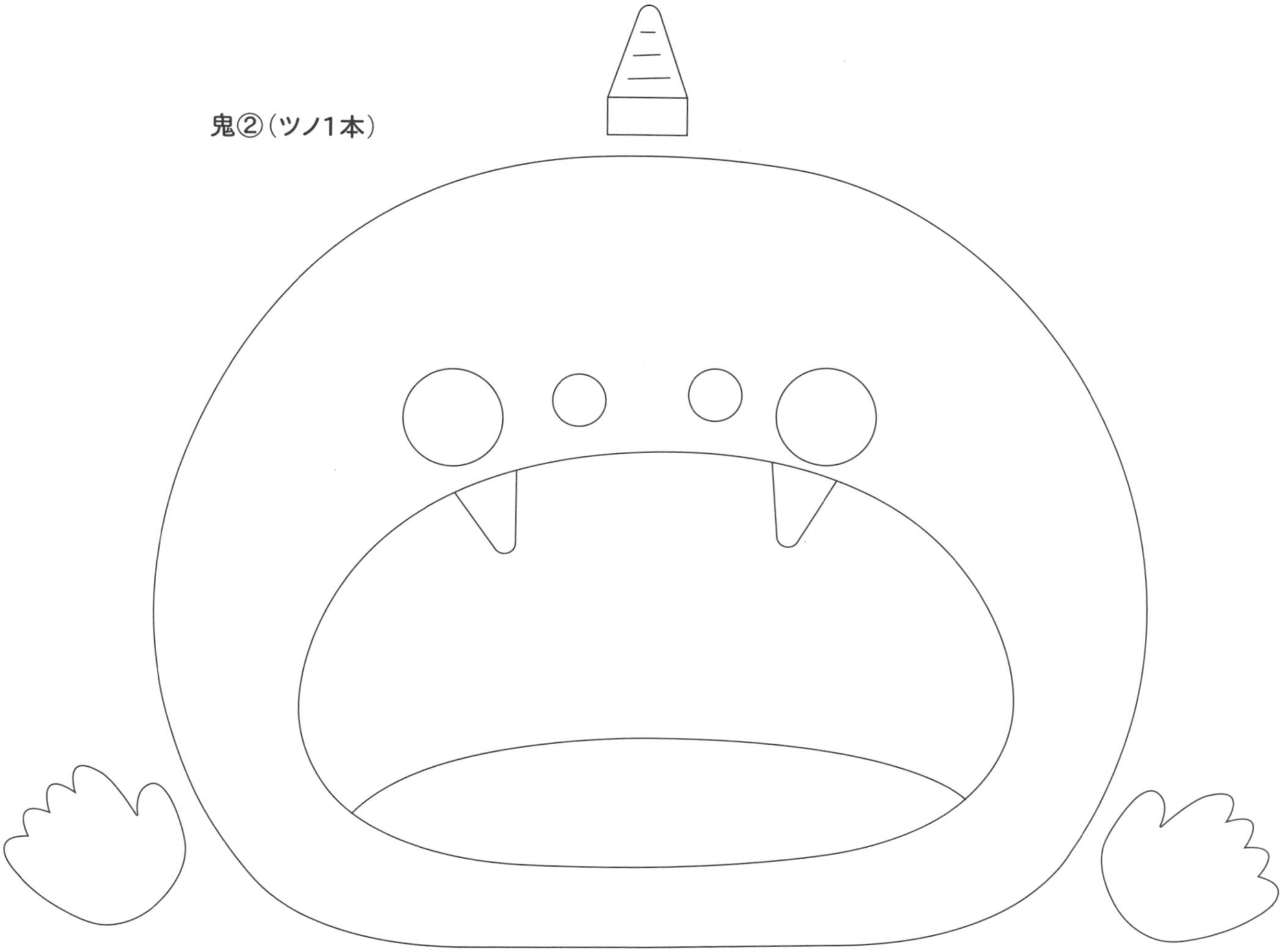

鬼のパンツ

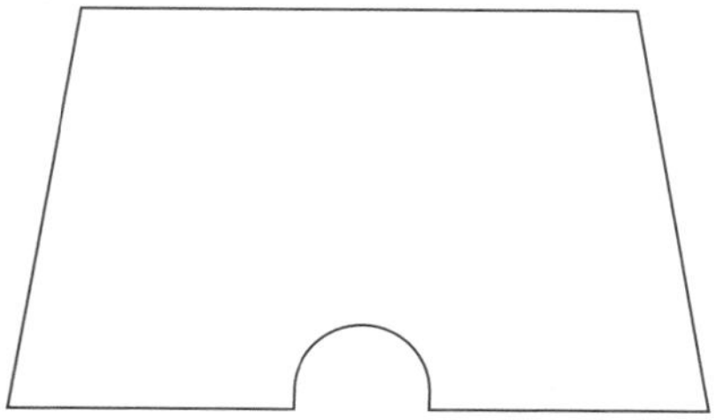

恵方巻

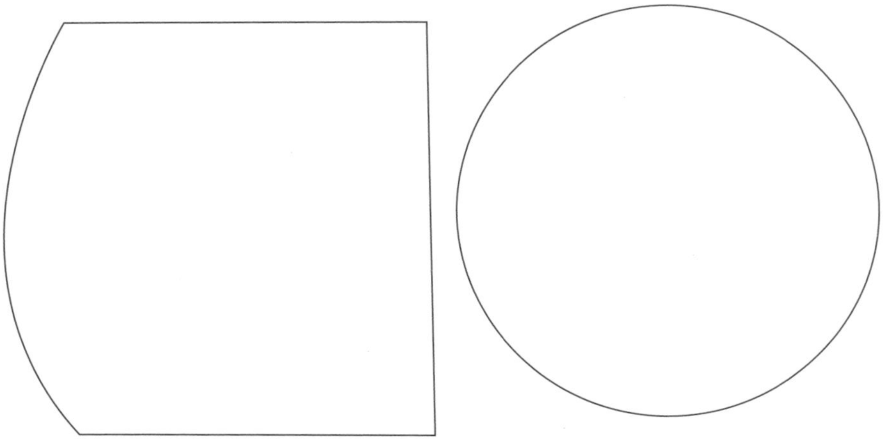

3月 ねずみのお花屋さん P.36

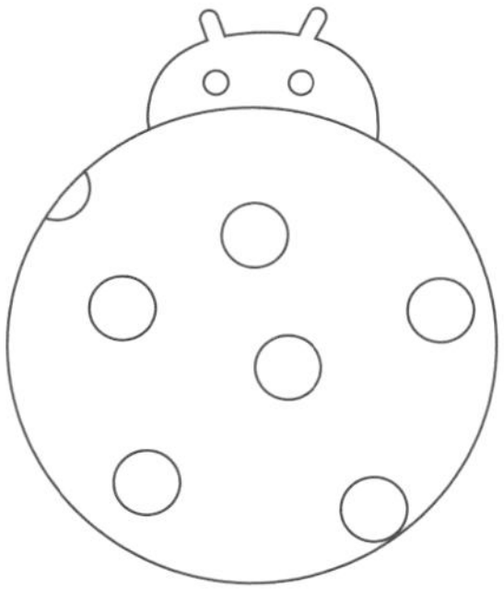

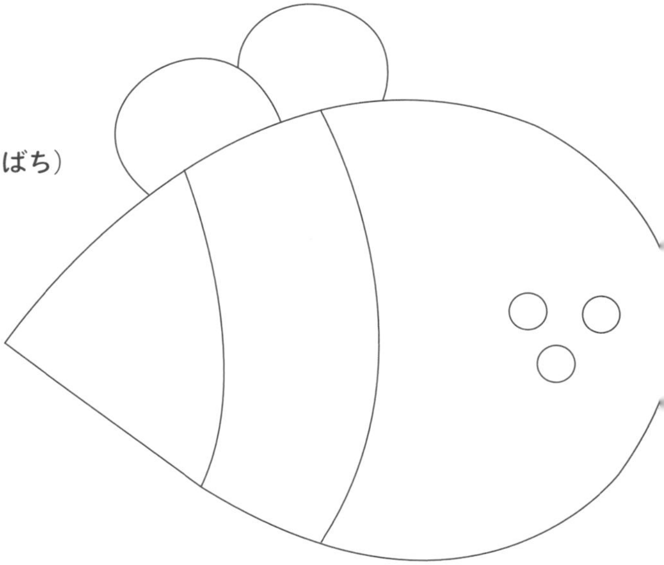

飛んでる虫
（てんとうむし・ちょうちょう・みつばち）

みつばちの顔パーツ

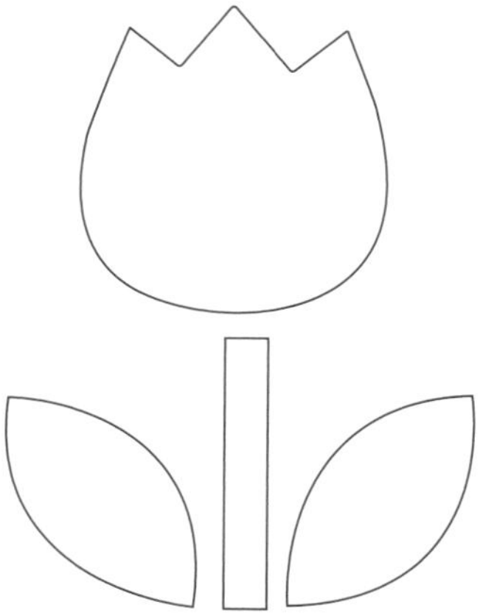

チューリップ

うえきばち

ねずみ

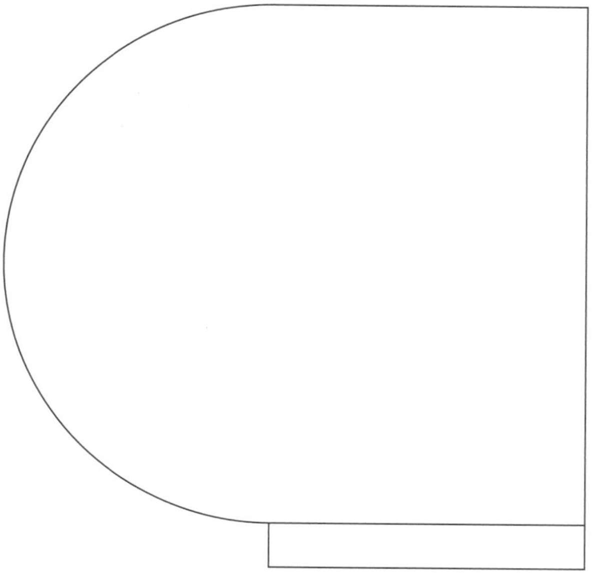

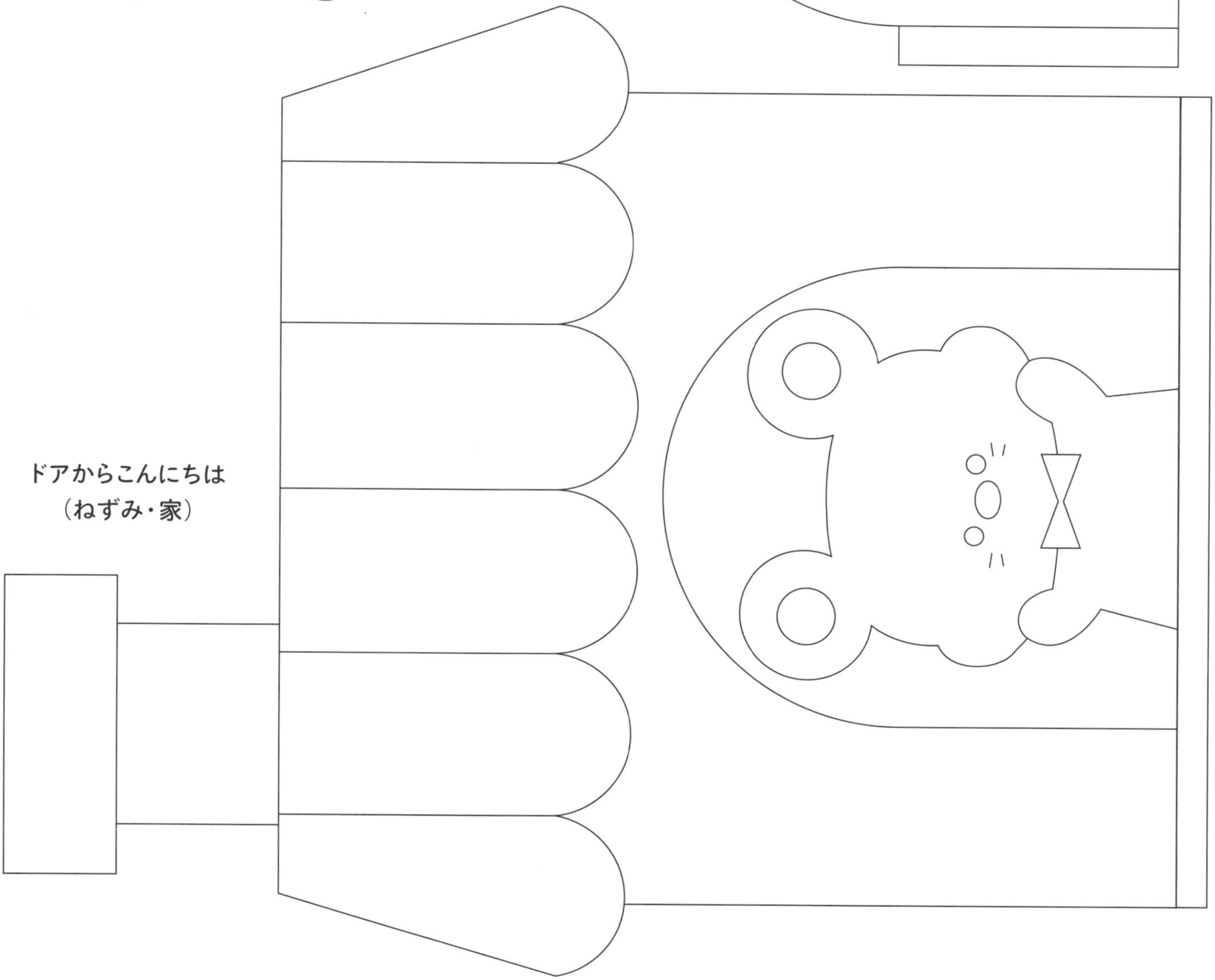

ドアからこんにちは
（ねずみ・家）

行事 入園・卒園おめでとう P.38

卒園証書

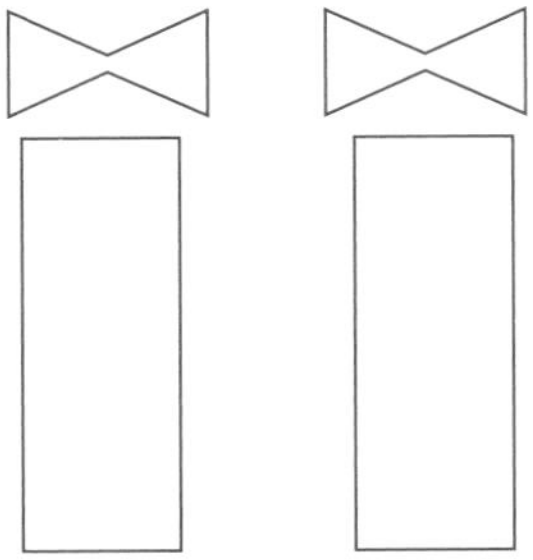

子ども（男の子・女の子）

園バッグ

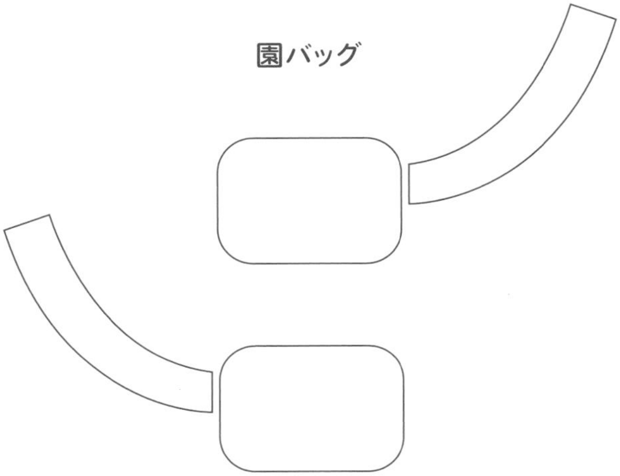

女の子の髪パーツ

園帽子

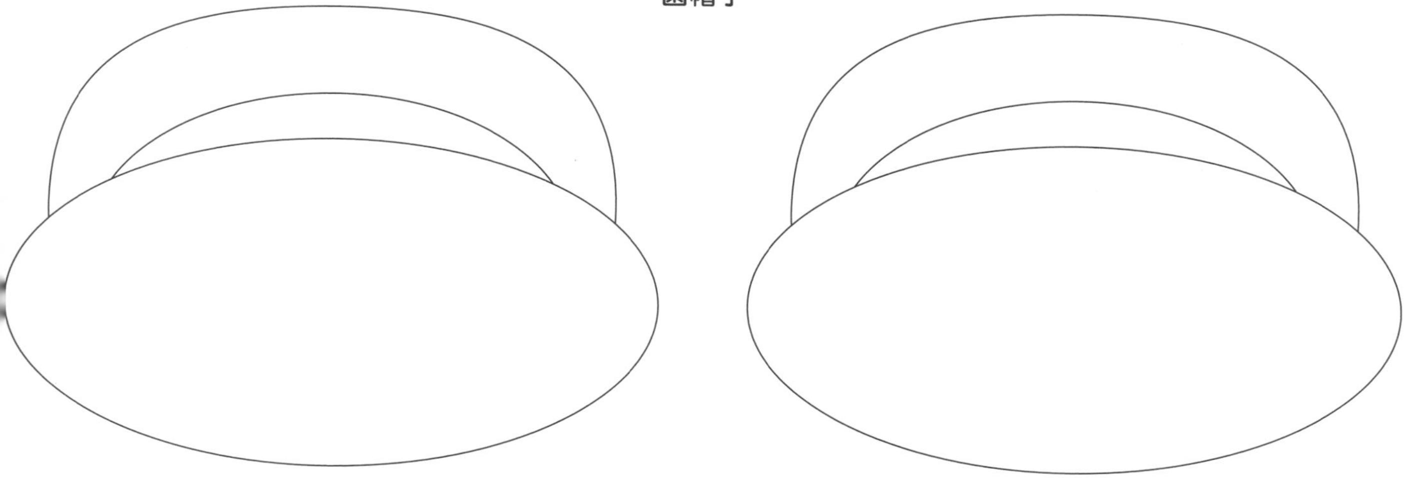

さくら

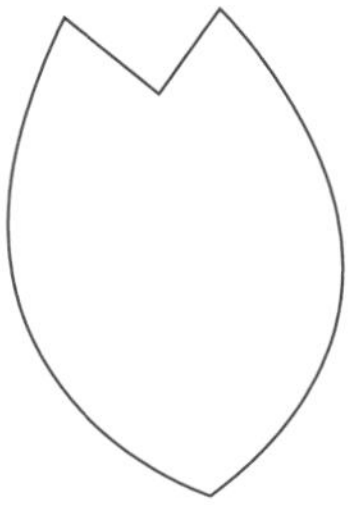

たんぽぽ

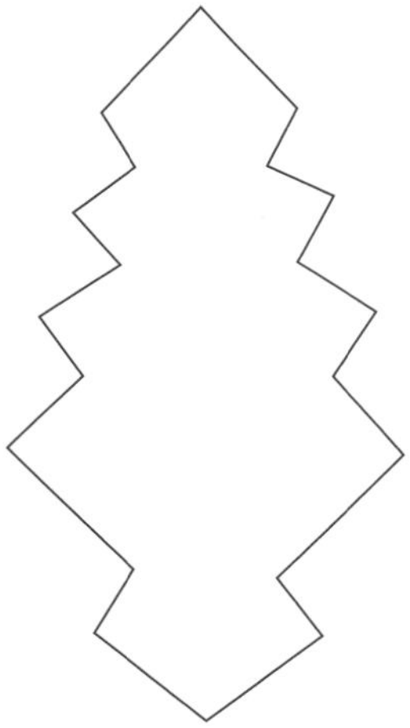

草

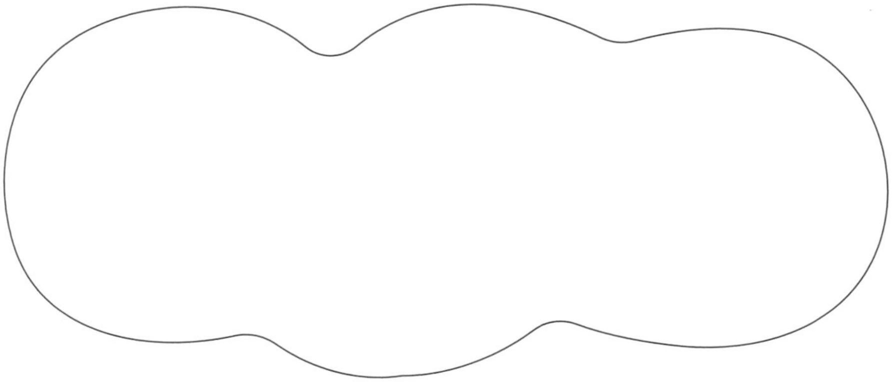

くま

いぬ

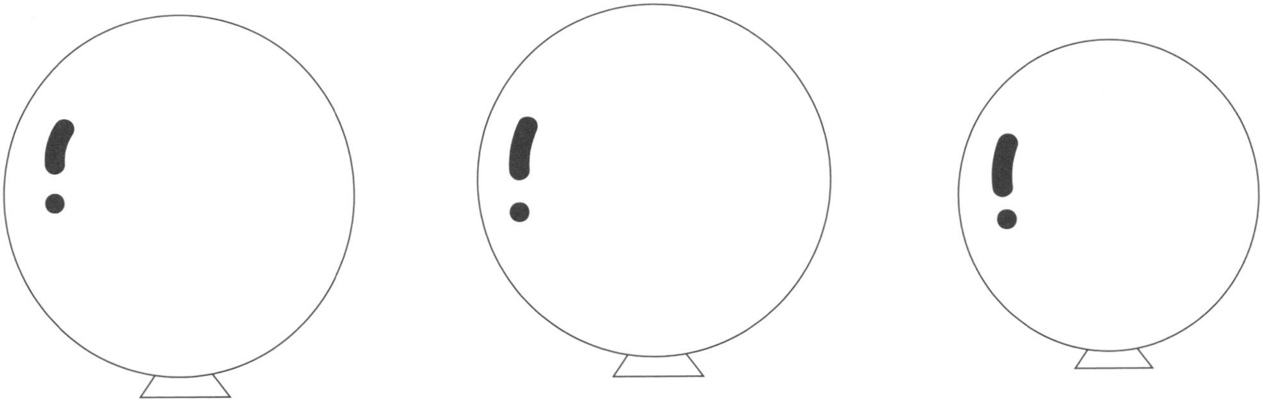

ふうせん

行事

フレーフレー運動会

P.40

ひよこ

雲

パンダ

さる

紙吹雪

旗

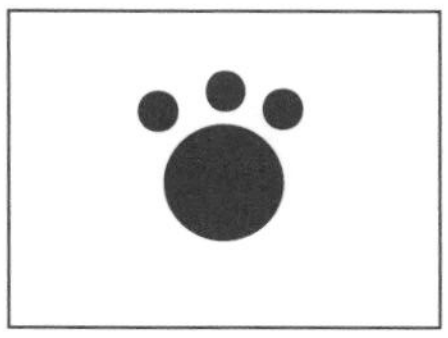

いぬ

ぞう

行事 楽器いろいろ発表会

P.42

子ども（男の子・女の子）

くま

うさぎ

鍵盤

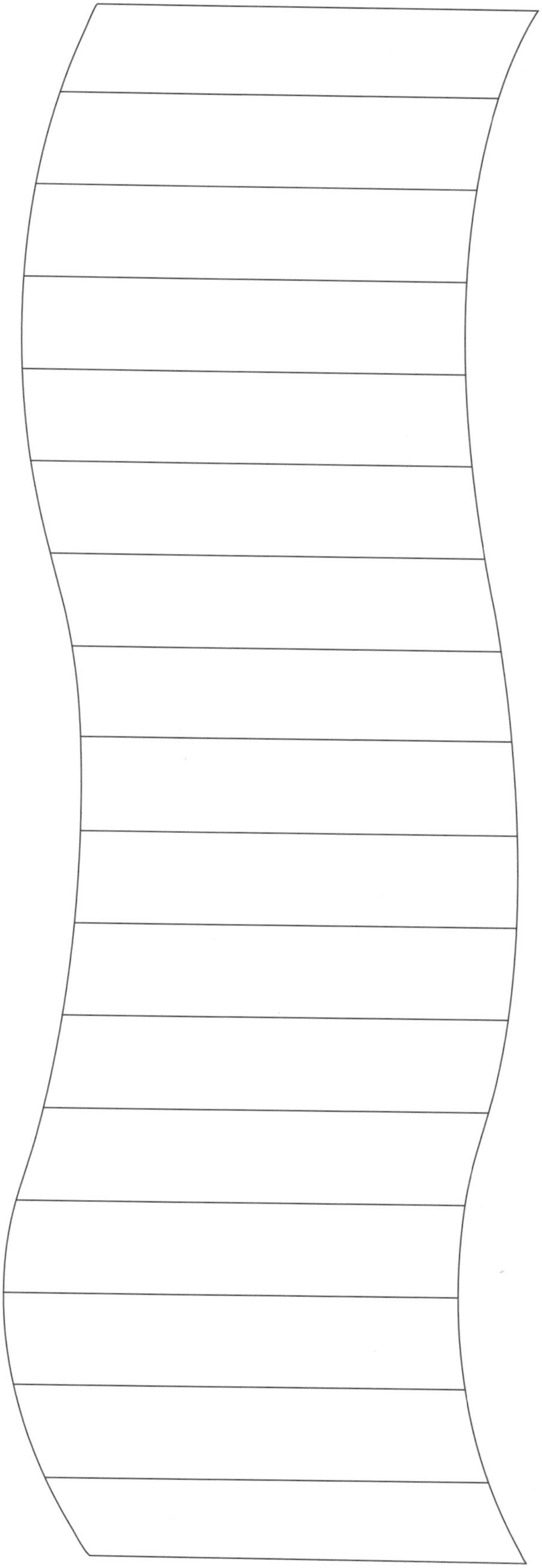

音階を書く台紙

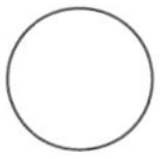

黒鍵

行事 夏祭りの屋台屋さん P.44

屋台

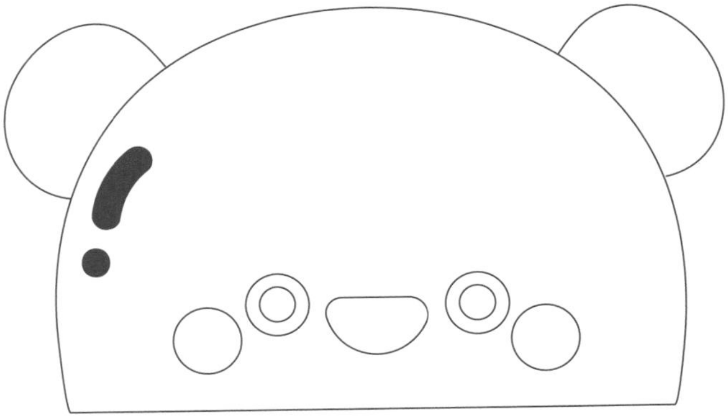

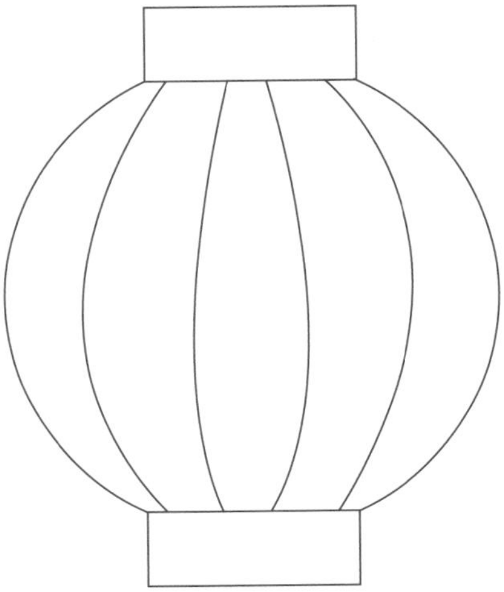

いちごあめ

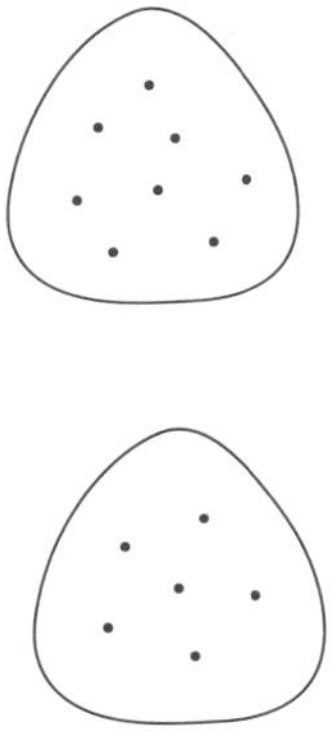

りんごあめ

チョコバナナ

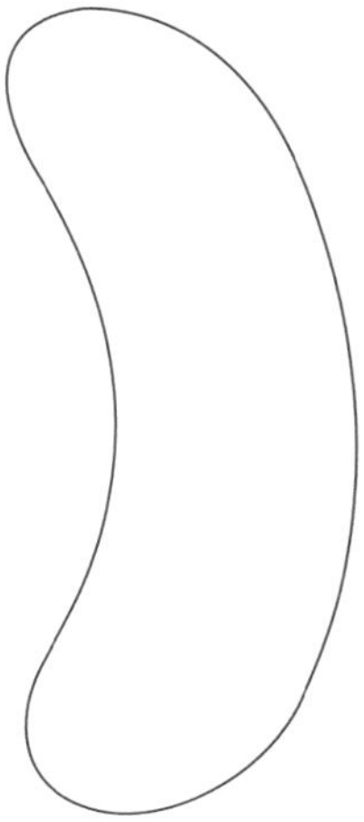

看板の文字

子ども

とら

行事 チューチューねずみの遠足 P.46

おにぎり①

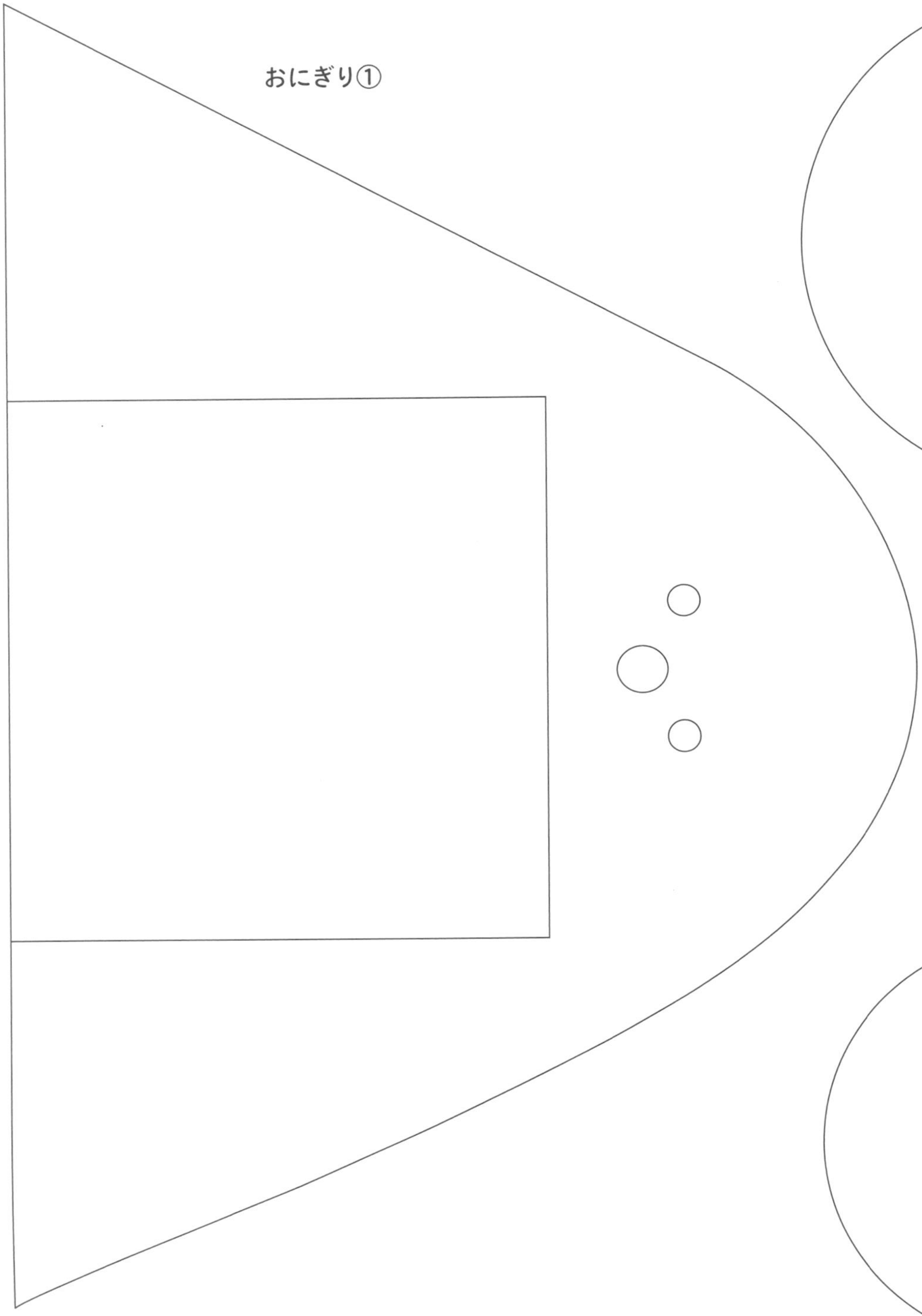

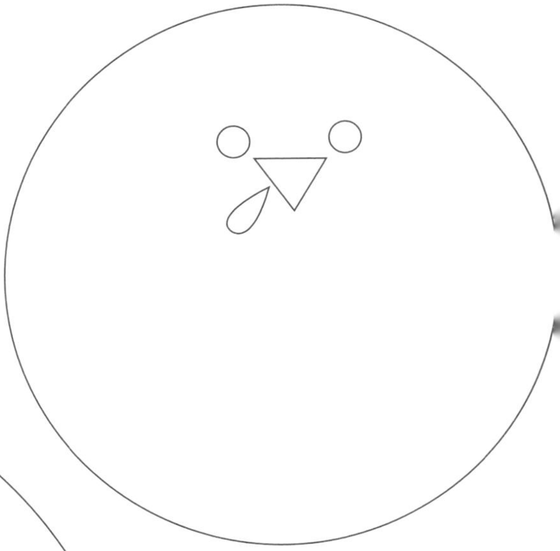

太陽

具材用台紙

小鳥

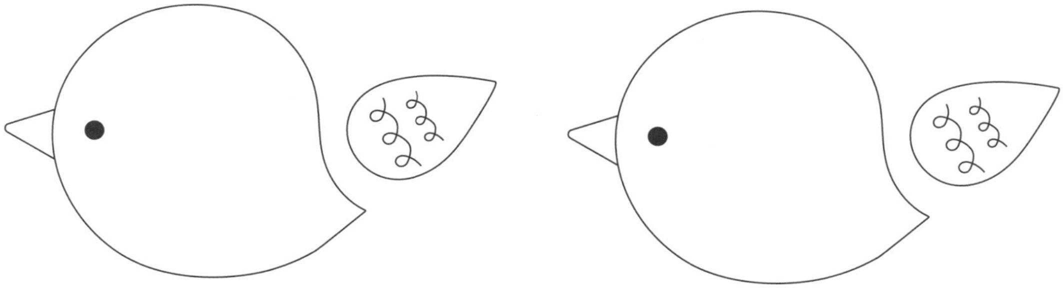

おにぎり②

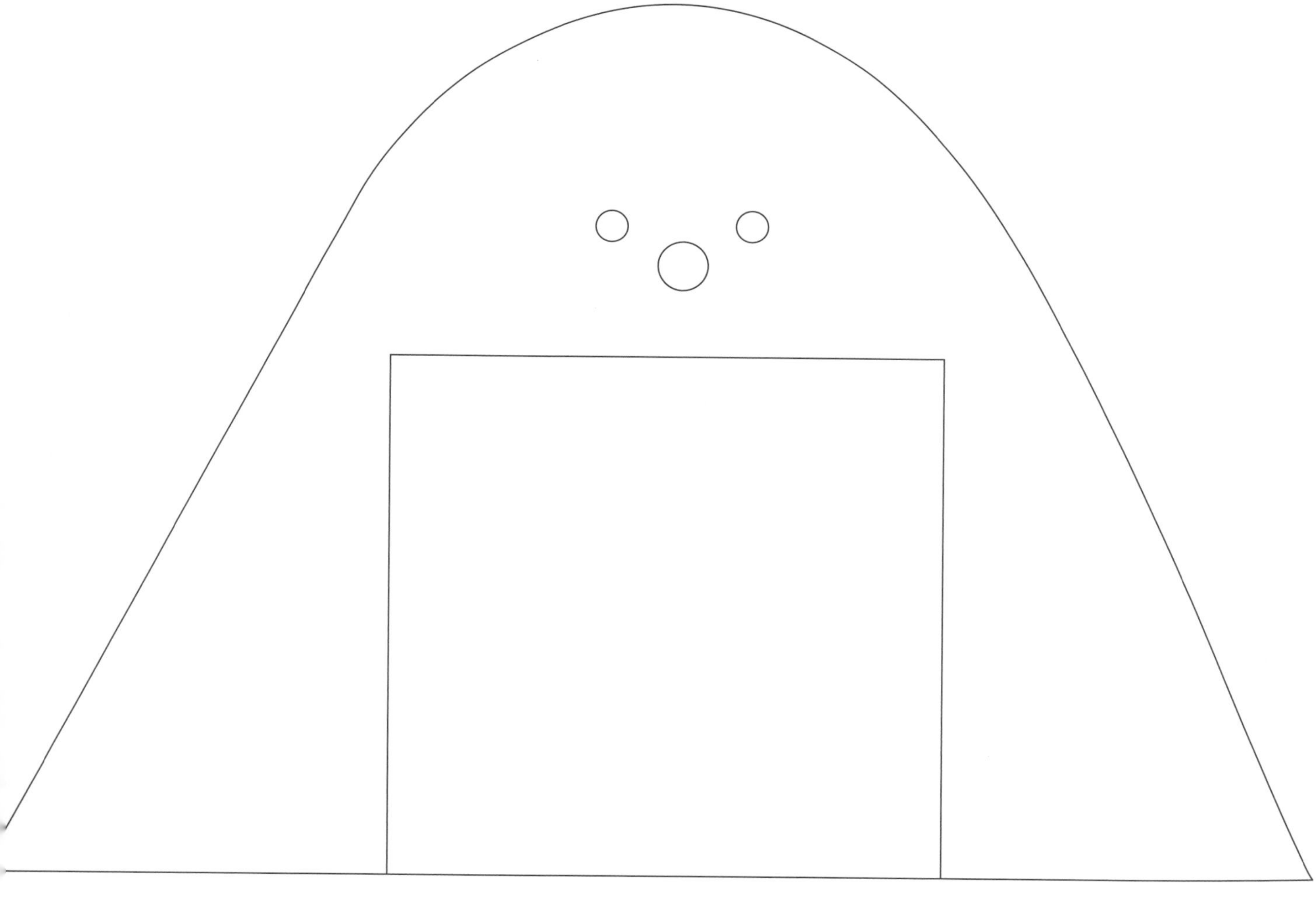

ねずみ

ねずみの汽車

子どもの
顔用台紙

行事 どきどきさつまいも掘り P.48

くま

とんぼ

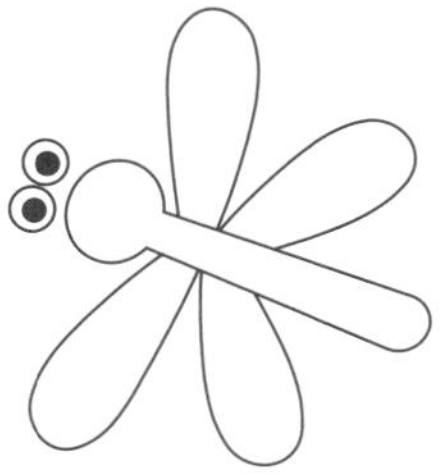

葉っぱ

スコップ

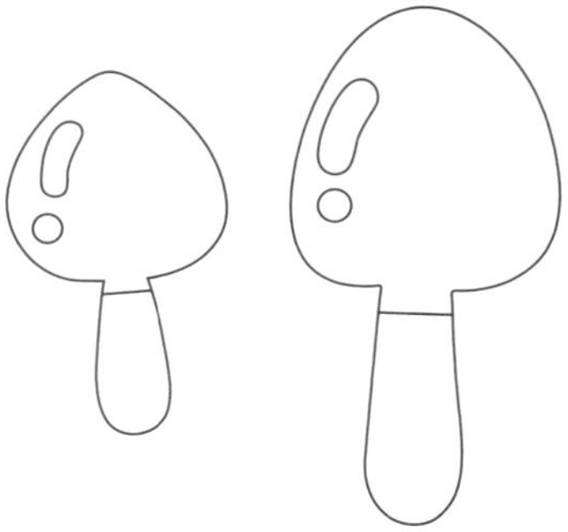

もぐら

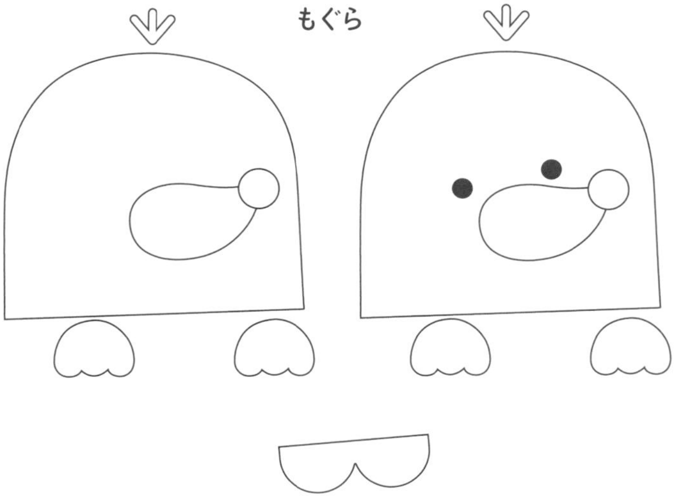

土

通年 妖精たちのお誕生会 P.50

数字

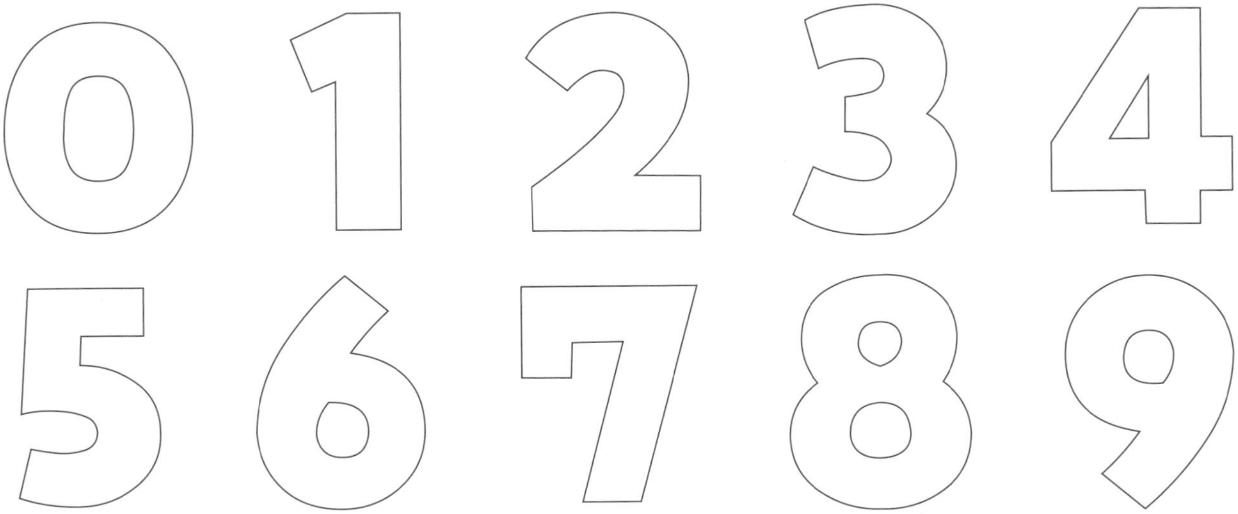

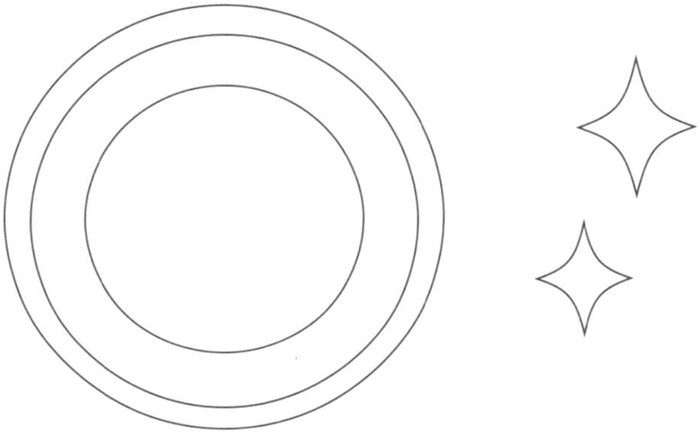

お誕生月のキラキラ

妖精

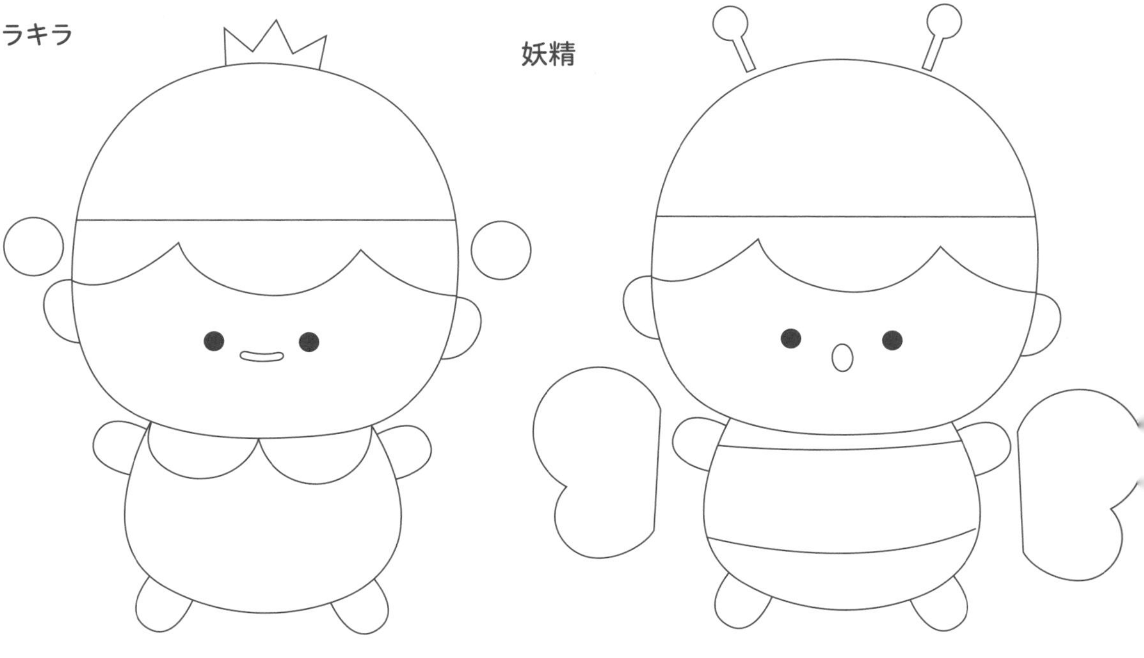

妖精

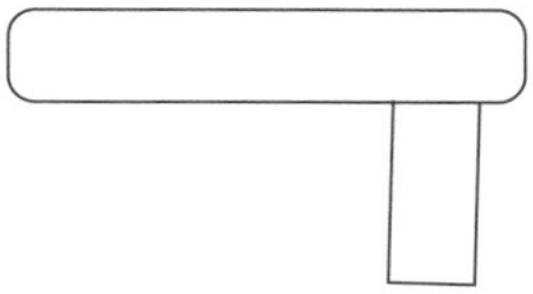

ケーキ

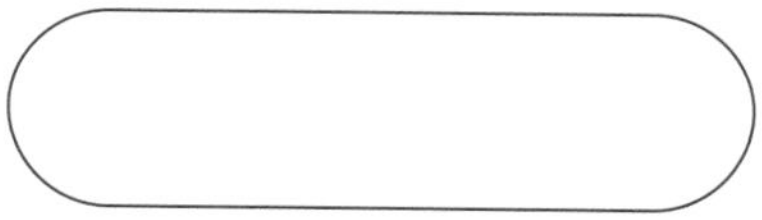

ケーキ

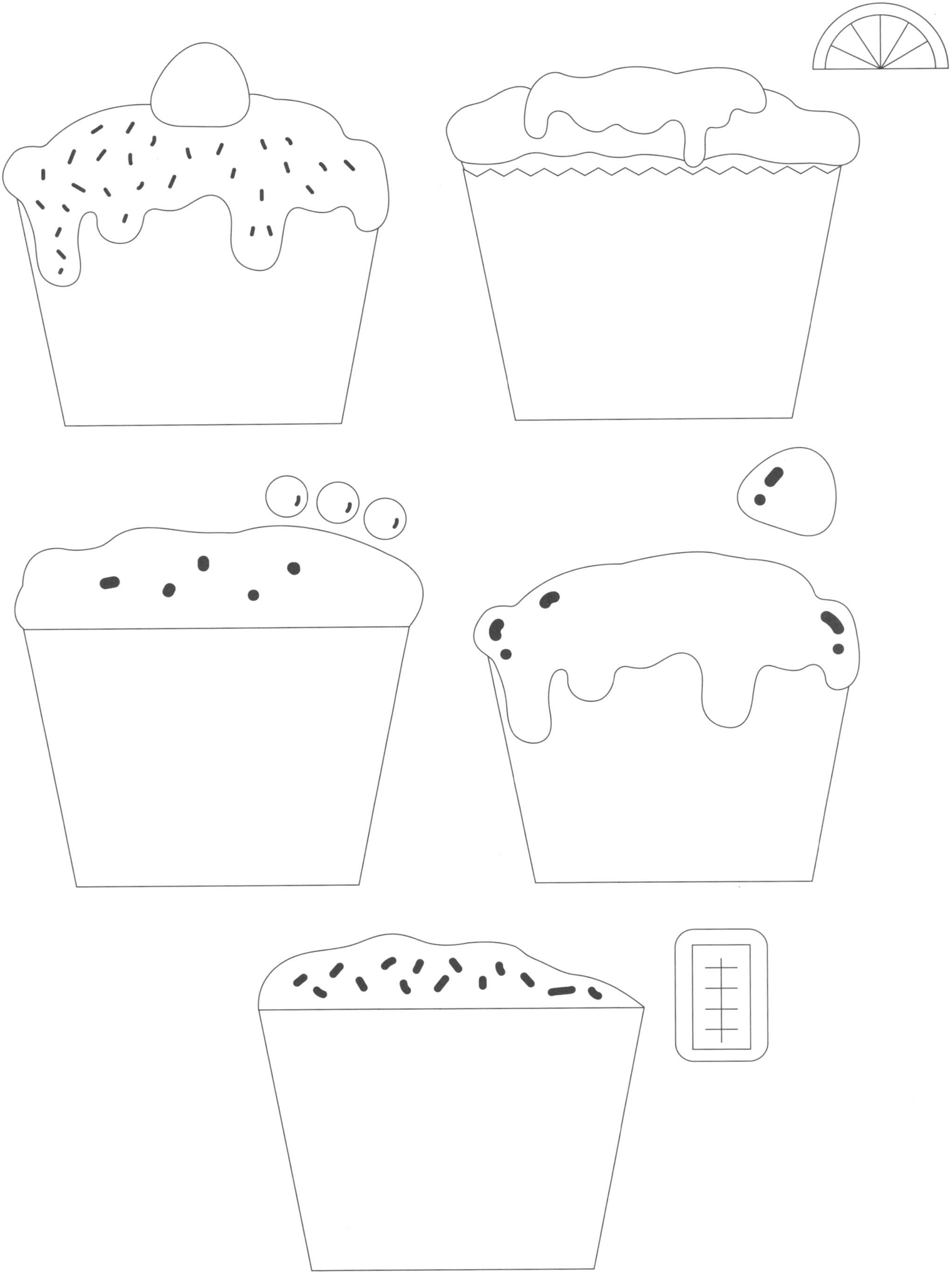

通年 避難訓練の合言葉 P.52

「おかしもち」のシャボン玉

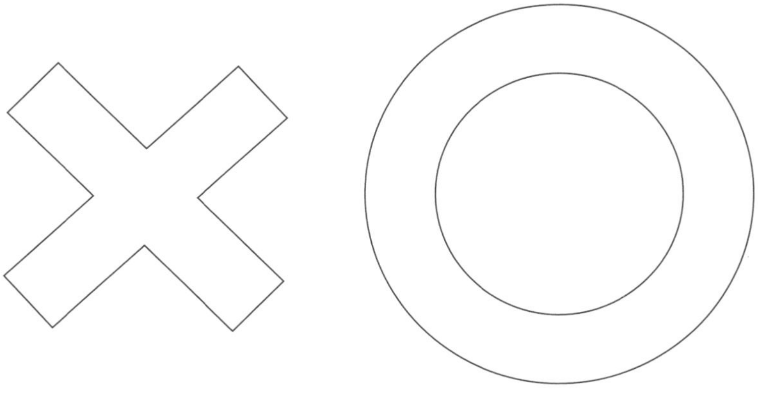

○×クイズ棒

ペンギン

防災頭巾

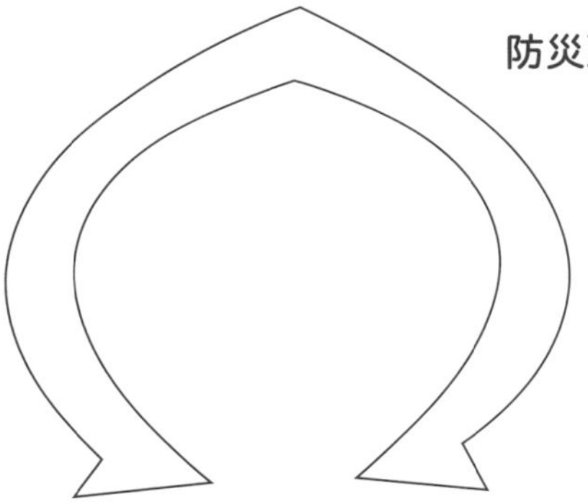

ペンギン

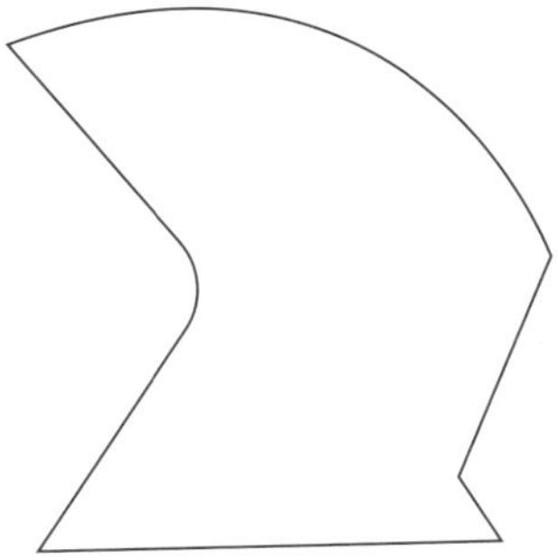

通年 すくすく健康診断 P.54

フラミンゴ

ライオン

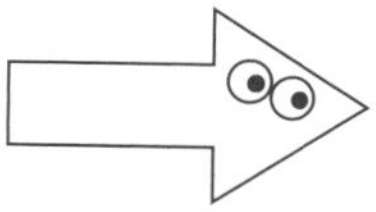

コアラ

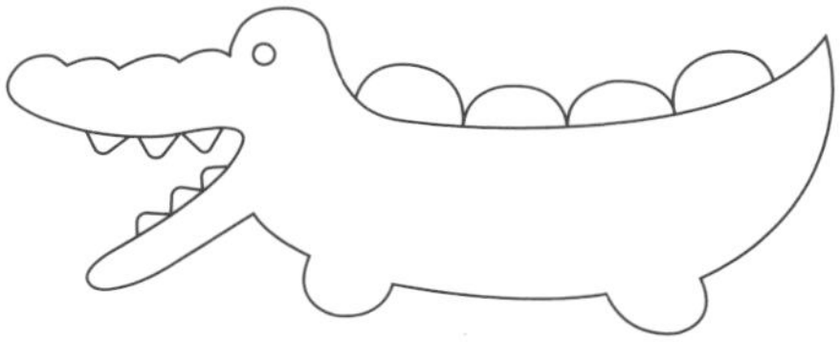

わに

なまけもの

ふうせん

あり

てんとうむし

数字

0 1 2

3 4 5

6 7 8 9

木の身長計

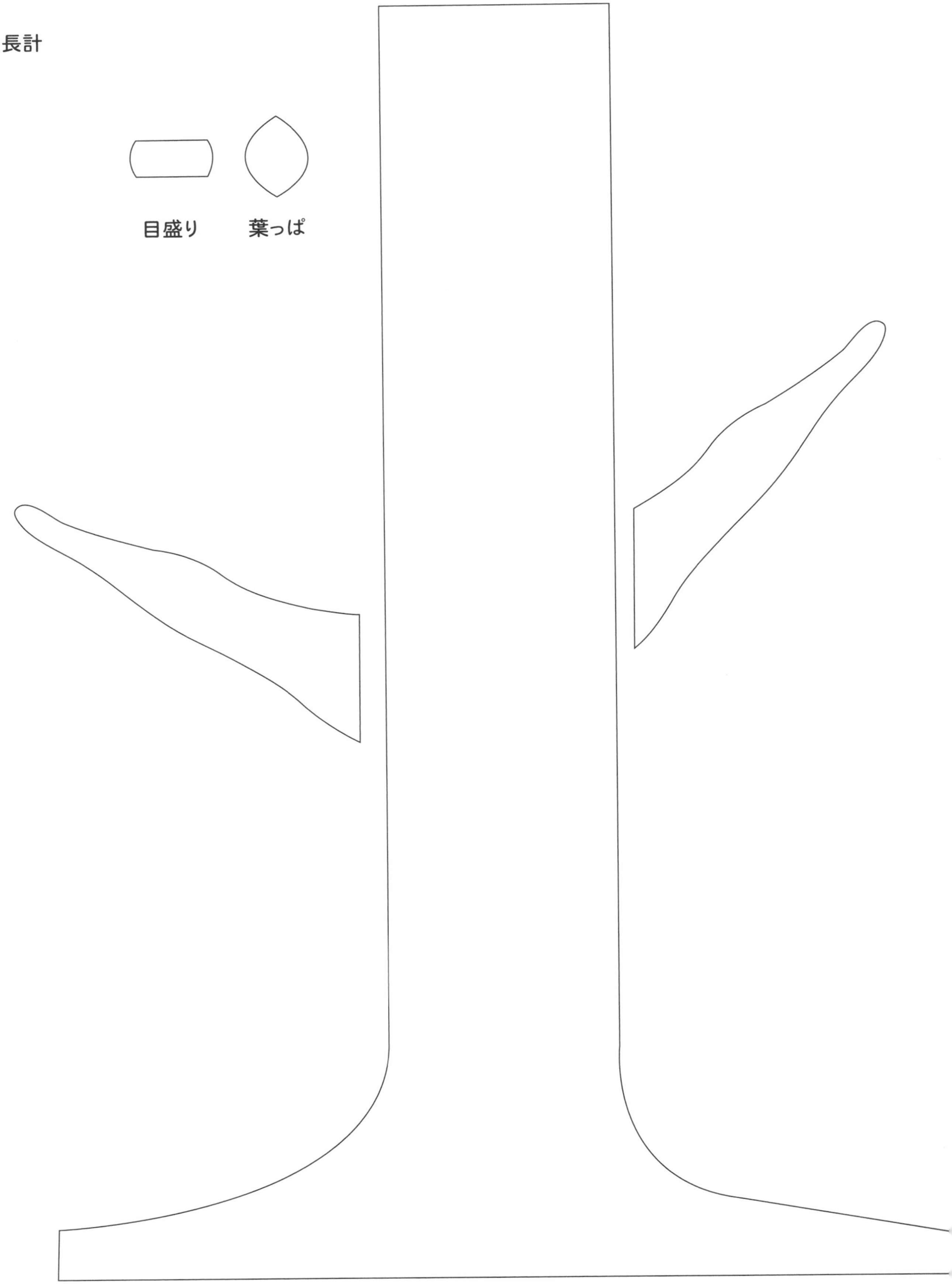

通年

お野菜かくれんぼ P.56

トマト

ねぎ

きゅうり

じゃがいも

なす

レモン

かぼちゃ

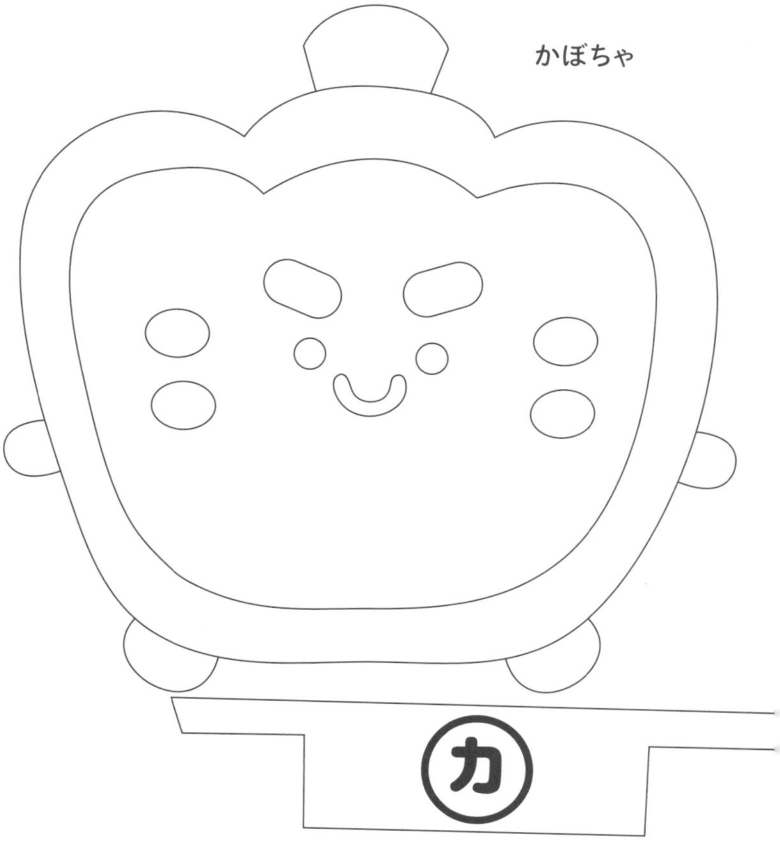

にんじん

みみず

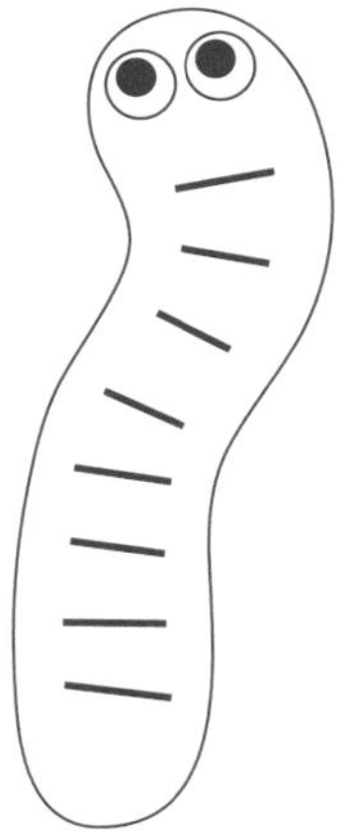

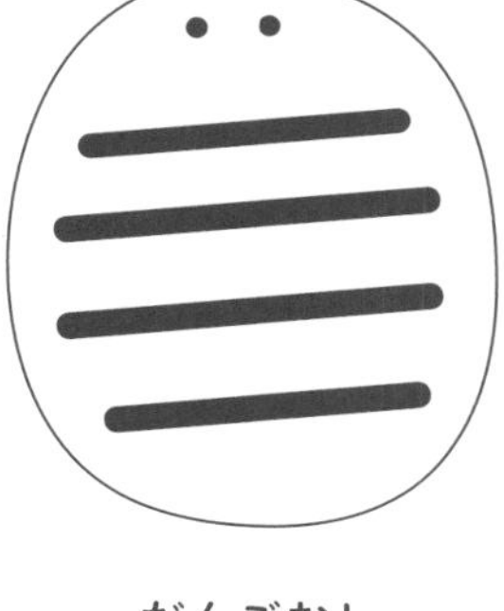

だんごむし

子ども

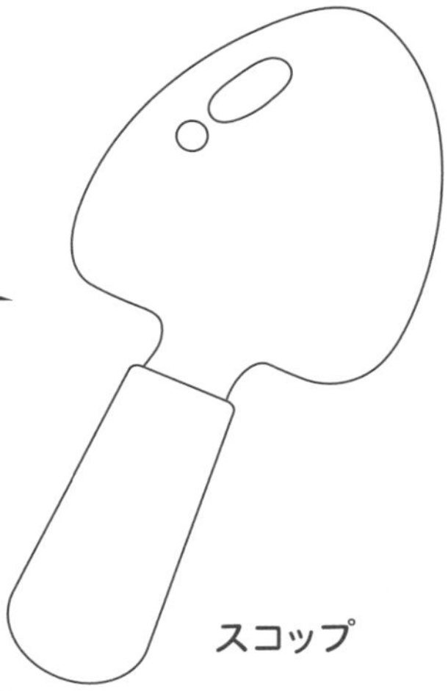

スコップ

草

かご

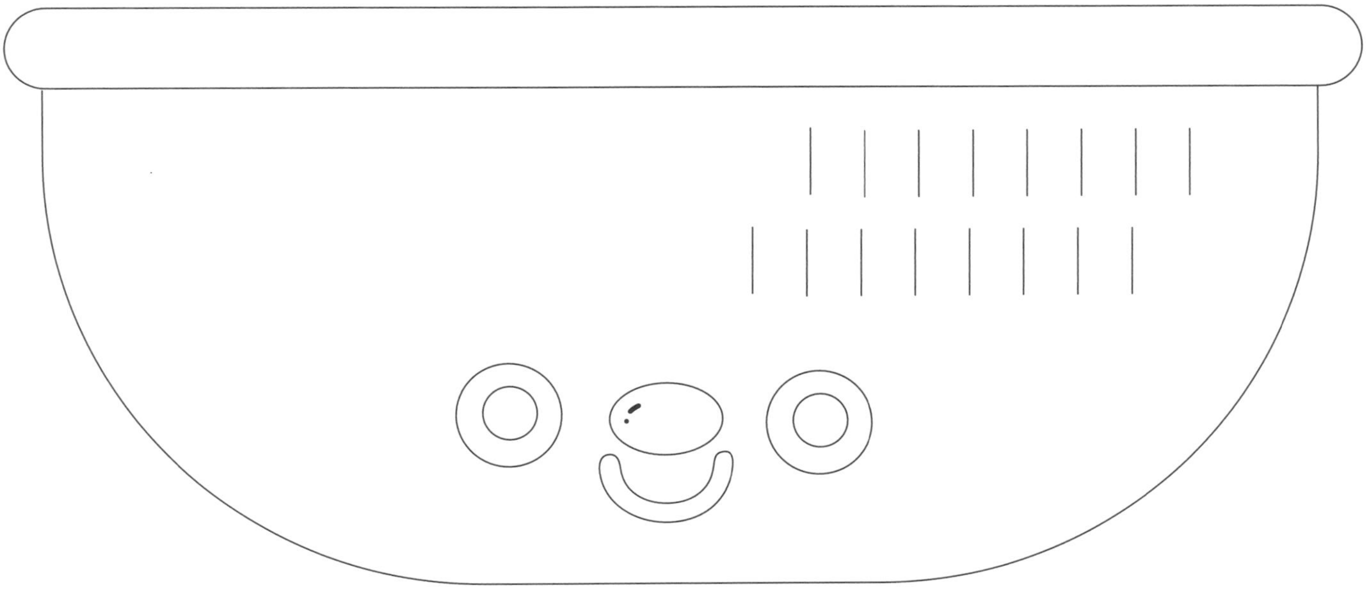

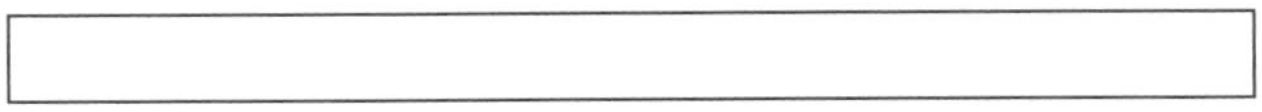

かごにあみ込むパーツ

通年 いただきますとごちそうさま P.58

旗

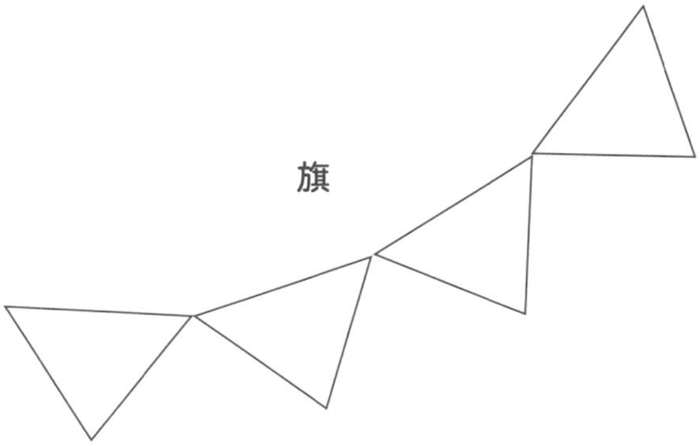

スプーン

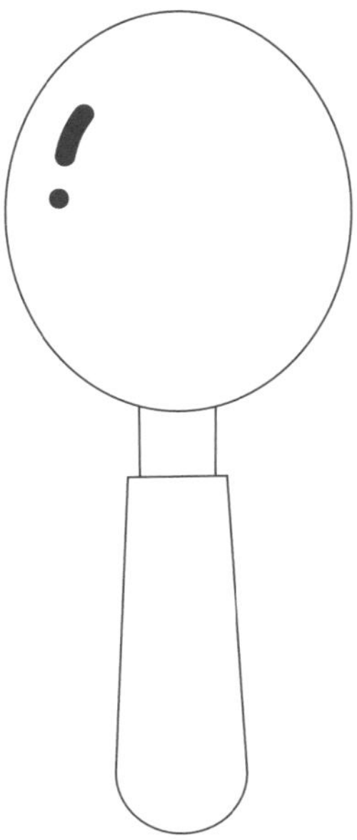

フォーク

子ども
（男の子・女の子）

ごはん用ののり

アレンジおかず
（オムライス・たこさんウインナー・エビフライ・ブロッコリー・からあげ・
ミニトマト・サケ・たまご焼き・ハンバーグ・にんじん・りんご）

お弁当箱

通年 歯みがきでむし歯予防 P.60

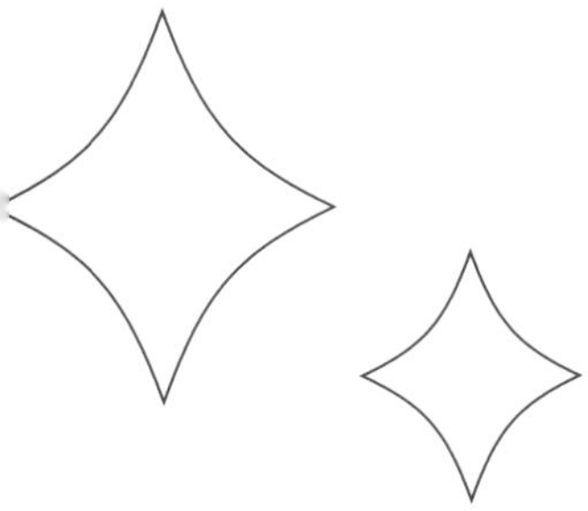

キラキラ

子ども①（男の子）

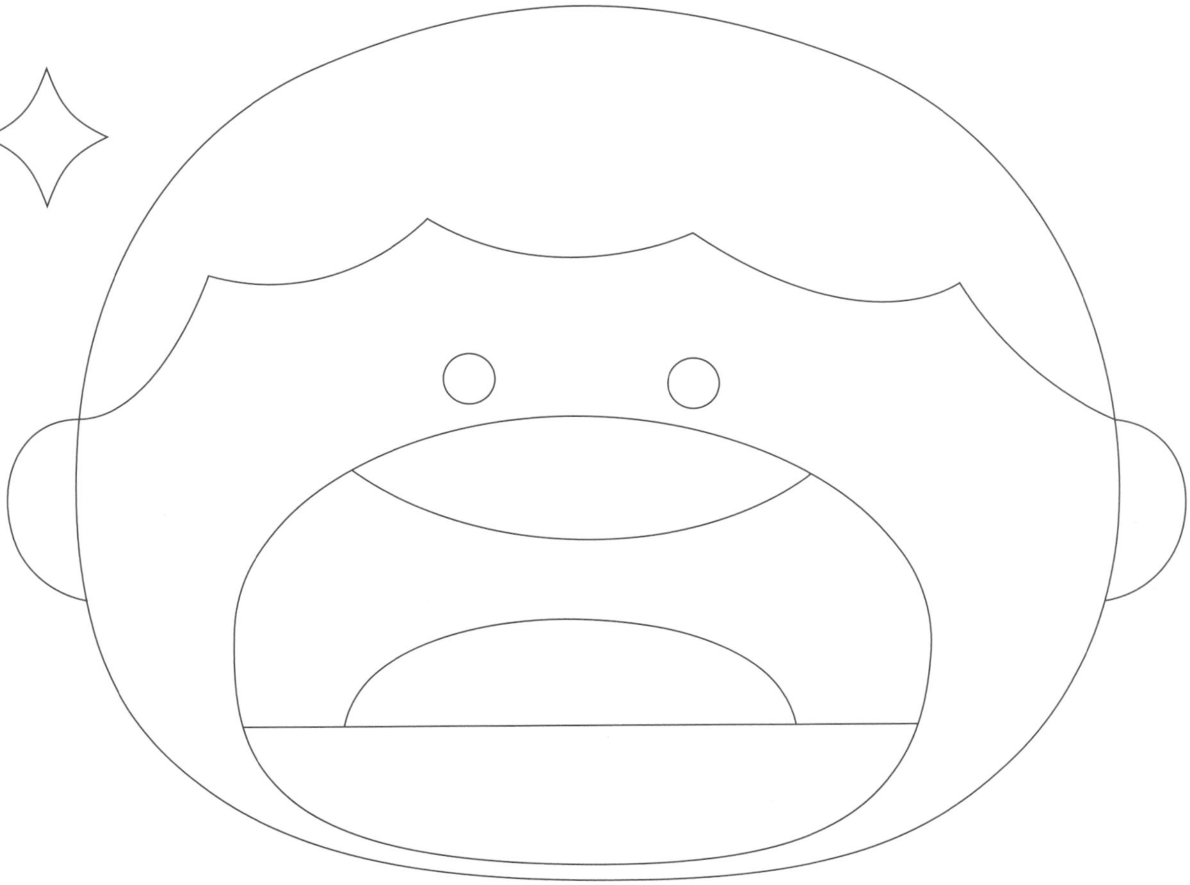

バイキン
（裏・表）

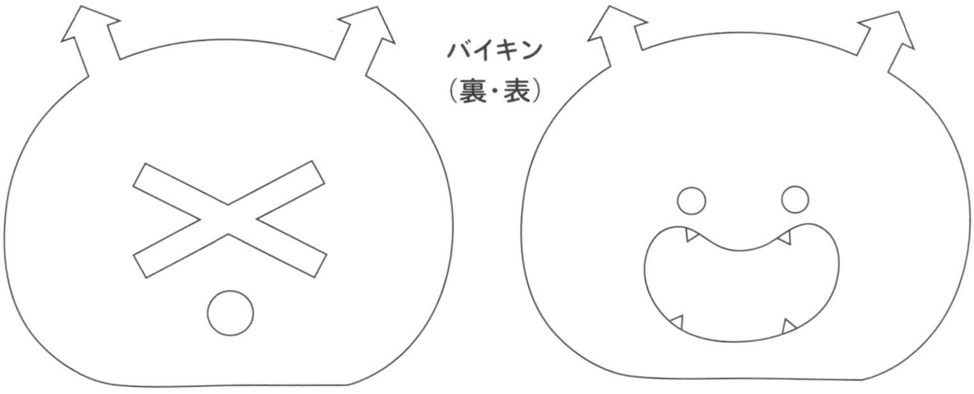

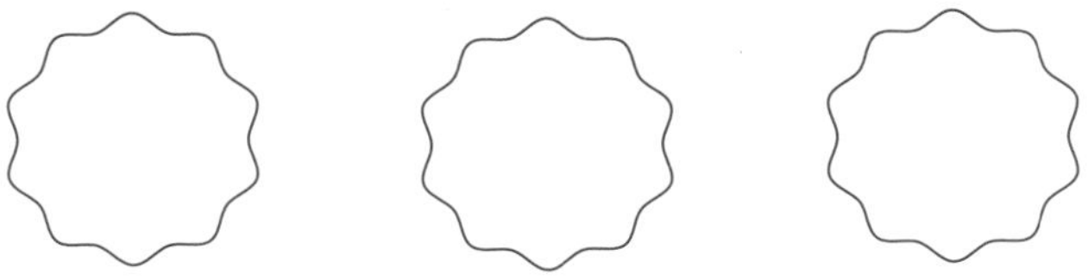

子ども②（女の子）

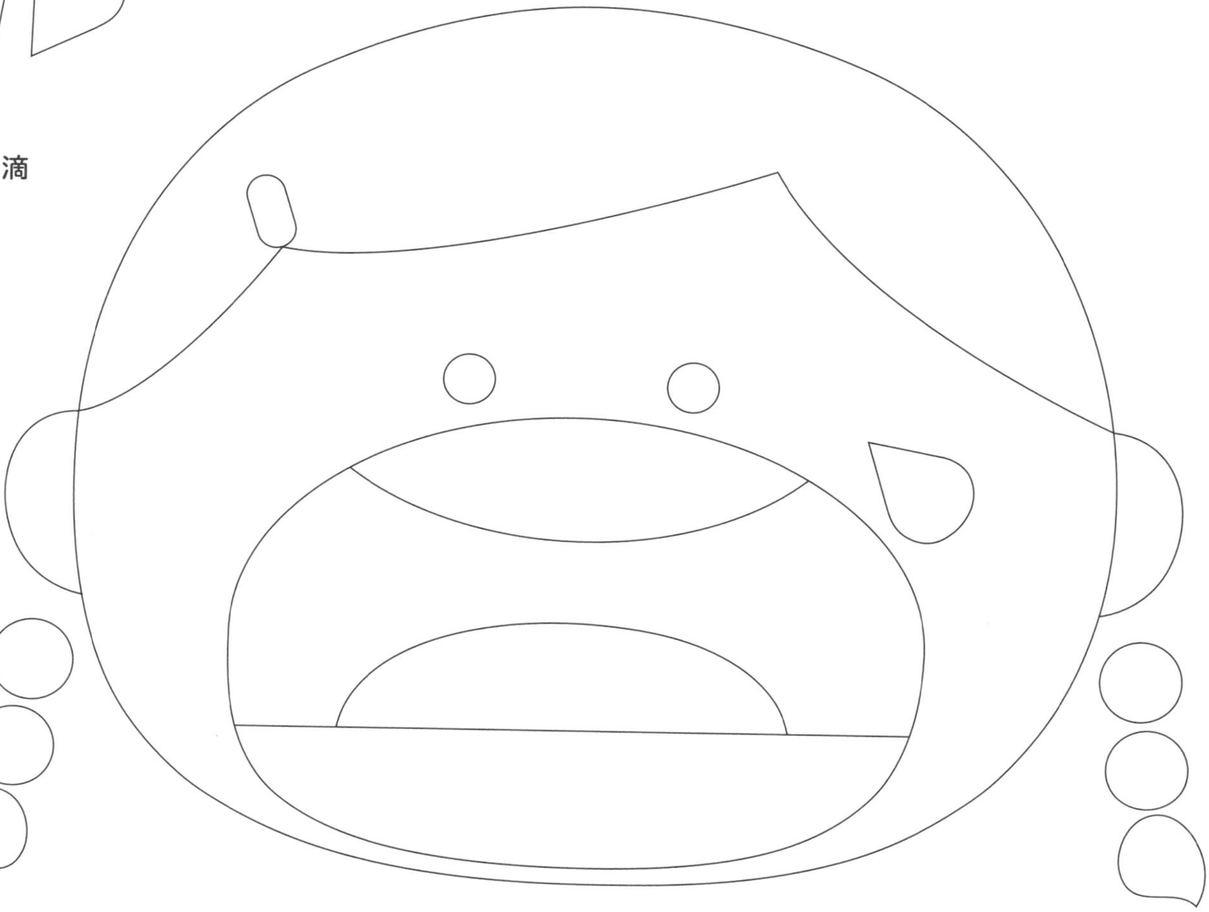

水滴

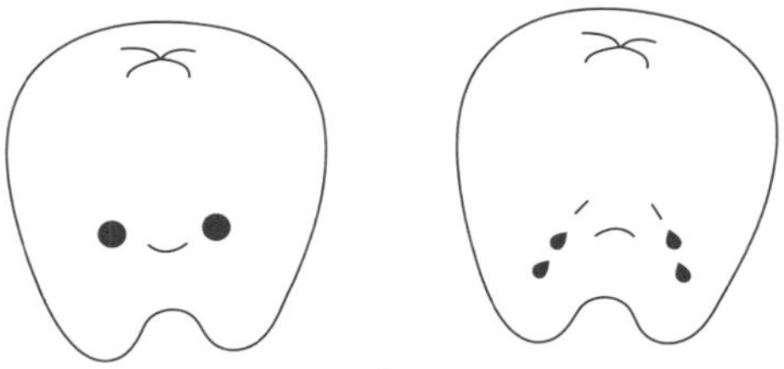

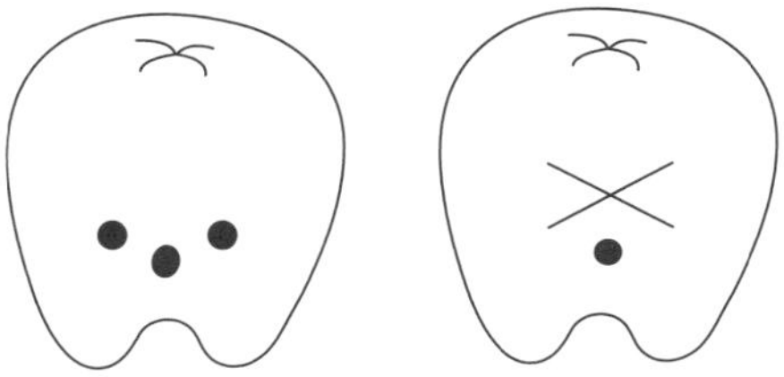

歯

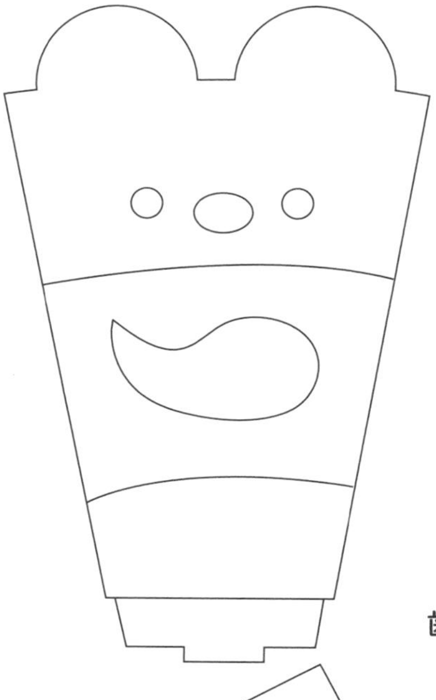

歯磨き粉

コップのデザイン

 P.62

とら

あざらし

月

本

ひつじ

目覚まし時計

布団

リベットボタン

保育や子育て、食育など子どもの成長をサポートするコンテンツが人気の“あそびクリエーター”。音楽やキャラクター、イラスト、工作、アニメーションなどオリジナリティあふれる楽しいあそびの世界を子どもたちに届けている。また全国各地の応援ソングや食育ソング、キャンペーンのデザインなども多数手がけている。食育キャラ「ベジパンズ」は、企業とコラボし、お弁当関連商品や農業関連商品を全国の量販店で販売中。あそびづくりカンパニー（株）TAN-SUのクリエイティブデザイナーでもある。高知県日高村オムライス大使。

instagram　　SNSまとめ

イラスト・型紙　リベットボタン
装丁・デザイン　平野晶
撮影　天野憲仁（株式会社日本文芸社）
編集制作　株式会社KANADEL
制作協力　株式会社TAN-SU（たんす）、大島佳子

アイデアいっぱい！ しかけが楽《たの》しい保育《ほいく》の壁面《へきめん》12か月《げつ》

2024年2月1日　第1刷発行

著　者　リベットボタン
発行者　吉田芳史
印刷所　図書印刷株式会社
製本所　図書印刷株式会社
発行所　株式会社 日本文芸社
〒100-0003　東京都千代田区一ツ橋1-1-1 パレスサイドビル8F
TEL 03-5224-6460（代表）
内容に関するお問い合わせは、小社ウェブサイトお問い合わせフォームまでお願いいたします。
URL https://www.nihonbungeisha.co.jp/

Printed in Japan　112240117-112240117 Ⓝ 01　(180019)
ISBN978-4-537-22175-6

編集担当　藤澤